北 京 师 范 大 学 数 学 科 学 学 院 史 料 丛 书

Photo Album of the Students and Faculty in the School of Mathematical Sciences，Beijing Normal University

北京师范大学数学科学学院师生影集

（1981 ～ 1999）

北京师范大学数学科学学院　　主编

李仲来　编

北京师范大学出版集团
BEIJING NORMAL UNIVERSITY PUBLISHING GROUP
北京师范大学出版社

图书在版编目（CIP）数据

北京师范大学数学科学学院师生影集：1981～1999/李仲来编.
—北京：北京师范大学出版社，2019.6
（北京师范大学数学科学学院史料丛书）
ISBN 978-7-303-24749-3

Ⅰ.①北… Ⅱ.①李… Ⅲ.①北京师范大学－数学－
学院－校史－1981～1999－摄影集 Ⅳ.①G659.281－64

中国版本图书馆 CIP 数据核字(2019)第 096647 号

营 销 中 心 电 话　　010-58805072　58807651
北师大出版社学术著作与大众读物分社　　http：//xueda．bnup．com

BEIJING SHIFAN DAXUE SHUXUE KEXUE XUEYUAN SHISHENG YINGJI
出版发行：北京师范大学出版社　www．bnup．com
　　　　　北京新街口外大街 19 号
　　　　　邮政编码：100875

印　　刷：北京盛通印刷股份有限公司
经　　销：全国新华书店
开　　本：210 mm×285 mm
印　　张：10.5
字　　数：150 千字
版　　次：2019 年 6 月第 1 版
印　　次：2019 年 6 月第 1 次印刷
定　　价：88.00 元

策划编辑：岳昌庆　　　　　责任编辑：岳昌庆
美术编辑：李向昕　　　　　装帧设计：李向昕
责任校对：段立超　　　　　责任印制：马　洁

前言

北京师范大学数学学科创建100年，很多东西值得总结，我们希望留下一些史料。除了在2015年10月25日召开北京师范大学数学学科创建百年庆典外，我们做了以下工作。

第一，2015年10月，在北京师范大学出版社出版《北京师范大学数学科学学院史（1915～2015)》（第3版）。以后拟在适当年份分为两部：院史的上、中、下篇构成《北京师范大学数学科学学院史》，大事记、附表、附录构成《北京师范大学数学科学学院志》。

第二，2015年10月，在北京师范大学出版社出版《北京师范大学数学学科创建百年纪念文集》。从实际效果看，这项工作应在百年庆典召开的更早些时间开始征文。从写征文的本科生入学年级看，早期毕业的系友已经逝世，很难征到1915～1945级系友的文章。建议以后征文30~50年征一次，100年做一次征文的时间间隔太长。

第三，2016年12月，在北京师范大学出版社出版《北京师范大学数学科学学院论著目录（1915～2015)》（第2版），这是学院科研的"固定资产"。并收录了北京师范大学数学学科创建百年庆典大会上的部分发言。

第四，2002～2017年，在北京师范大学出版社出版《北京师范大学数学家文库》，已出版16部。

第五，2005～2012年，在人民教育出版社出版《数学教育文选》，已出版8部。

第六，2007～2013年，在《数学通报》编辑部出版《教授诞辰110/100周年纪念文集》，已出版4部。

第七，2007～2017年，在北京师范大学出版社出版《北京师范大学数学科学学院硕士研究生入学考试试题》，已出版2部。

第八，2012～2019年，在北京师范大学出版社出版《北京师范大学数学科学学院师生影集》，已出版3部。

第九，2018年，在北京师范大学出版社出版《王梓坤文集》8部。

二

《北京师范大学数学系史》出版第2版前，有人问我，第1版出版后，系友最大的意见是什么？我说，是没有附1952年后的本科生名单。系友在北京师范大学数学系(数学科学学院)读专科、本科、硕士、博士，在《北京师范大学数学科学学院史》（简称院史）入学名单中留下姓名，这是一件很实实在在的事。

若能留下一张合影，是另一件实实在在的事。收集各个年级和班级合影及对位名单是一项大工程。收集合影照片相对简单，收集全年级合影的对位名单最费时间，要下笨功夫，要细心核对，不可张冠李戴。一些照片经过数次与系友联系，直到收集到适合印刷的合影照片为止。

将对位名单(年级合影和分班合影)与院史名单核对，再与入学卡片核对。对位名单尽量以入学名单为准。

核对本科生和研究生合影的对位名单，可以发现院史名单中的个别错误，以及相互验证。查入学卡片或毕业名单，还可能补充漏掉的名字。如能找到分班名单，将分班合影名单与分班名单核对。

分班名单：1981～1988届是用当时常用的打字机打印，1989～1997届是用北京大学生产的方正打字机打印。入学卡片也不完整。有的年级或班级入学卡片被某些教师借走未还。1998届及以后学校有装订成册的新生名单。

参加本科生年级合影的学生，如果没有参加班级合影，在班级合影中不再指出该学生姓名；反之亦然。没有参加本科生年级合影的学生，在研究生合影中有，则在缺席名单中说明且不列入"加人"名单。有的同学在本班合影后，又到其他班级合影，将被标明。1994届本科生合影名单中的欧勇强、1996届和1997届本科生合影名单中的李海东，时任数学系团总支书记。

未指出在同届本科毕业的专科毕业生（即同一年入学，毕业时，有的是本科毕业，有的是专科毕业，但在一起合影）。

1981届本科生（1978年3月入学，1982年1月毕业）有年级合影，无毕业时分班合影；1982届本科生（1978年10月入学，1982年7月毕业）无年级合影，有两个不同时间的分班合影；1983～1999届本科生有年级合影和分班合影。

本科生名单出现问题的原因是多方面的。收集本科生合影和对位名单的背后，引出一些故事，引出班主任和学生们的很多联想。

1987～1995届，1996届一年级的专科生在北太平庄校区学习，由数学系管理。1996届二年级、1997～1998届的专科生在北京师范大学北校学习，由学校成人教育处管理。

硕士生毕业的照片，1995年之前是毕业班自发照的。我担任北京师范大学数学与数学教育研究所副所长，主管研究生工作后，让数学研究所出面组织照相。由于我多年收集研究生的入学、毕业、肄业、出国、退学等资料，精确到人，按届收集的研究生名单准确。1998届硕士生无合影，使用与博士生的共同合影。

排序原则：按届的本科生年级合影、专科生年级合影、本科生班级合影、专科生班级合影、硕士生个人照片或合影、博士生个人照片或合影、助教进修班合影、首届硕士生课程进修班合影、两次会议照片、前两批博士生导师、严士健和他的首届博士生、1981届本科入学40年合影、1982届本科入学30年合影。

照片下面的姓名以简化汉字为准。合影后的对位名单，排列顺序从前到后，从左到右。姓名右边标*为教职工或其他人物。标☆为学校校友会或学院负责人。标+为博士生。未知姓名以□□□代替。本科生"加人"表示原年级合影和分班合影中均没有的学生。

以下对照片合影的地点（校址、南校、北校、主楼、图书馆）做一些说明。

校址说明：京师大学堂（北京大学和北京师范大学的前身）校址在景山东街马神庙。1904年（光绪三十年），京师大学堂师范馆改为京师大学堂优级师范科。1908年（光绪三十四年），京师大学堂优级师范科改为京师优级师范学堂，校址迁至厂甸清官琉璃窑旧址，就是现在北京市和平门外南新华街路西的北京师范大学原校址。1952年辅仁大学的多数系合并到北京师范大学。北京师范大学原校址称为北京师范大学南校，简称南校；辅仁大学校址称为北京师范大学北校，简称北校。

主楼位置说明：北太平庄校区数学楼于1954年奠基。1955年暑假开始，数学系、物理系和中文系从北校，即辅仁大学校址迁入现址，以后各系陆续迁往现址。数学楼建成后，1~2层由学校校部机关使用。1958年8层主楼（该楼是"大跃进"的产物，质量较差。位置在当时东南门的正北面，当时的图书馆的正南面）建成后，校部机关迁入。该主楼在1999年拆除，原址后面现为2003年投入使用的主楼。

图书馆位置说明：北京师范大学图书馆，始于1902年京师大学堂师范馆图书室（景山东街马神庙内），1917年建成北京高等师范学校第一座图书馆（和平门外南新华街路西的北京师范大学原校址内）。1931年北京女子师范大学图书馆（新文化街鲁迅中学旧址内）并入和1952年辅仁大学图书馆（护国寺街校址内）并入后，1959年在北太平庄校区又建成一座图书馆（目前使用的北京师范大学图书馆位置）。1989年建成建筑面积近2万平方米的现代化综合型图书馆，位置在1959年建成的图书馆的正前方、目前使用的主楼的后部。2008年投入使用的图书馆，是将1959年建成的图书馆拆掉，在其原来位置上扩建为地上23层，地下两层（为车库），地上1~8层是目前使用的图书馆，9层及以上是教师办公室等（1989年建成的图书馆，目前也称为旧图书馆。2003年投入使用的主楼，目前也称为前主楼或旧主楼。2008年投入使用的图书馆，目前也称为新图书馆、新主楼或后主楼）。

照片的收集得到了马京然、邬中丹、陈克伟、王怡萱、田燕、徐蕾蕾、刘沪、郑国梁、郑萼、郭秀花、崔恒建、王安心、刘永国、刘坚、刘永平、贾绍勤、郑亚利、王永会、任子朝、王红瑞、保继光、李美生、黄晓兰、马波、曾文艺、孙应飞、孙洪祥、王建康、李小军、齐严、张玉平、徐丰、向勇、岳昌庆、燕敦验、韩心慧、唐志宇、陈秋华、徐美萍、项慧芳、吕学强、朱宇清、金青松、王颖喆、张梅、贺军、陈迥、牛庆银、陈伟、于福生、李海东、庞尔丽、王加银、李桂香、吕绍川、郝辉、胡宁燕、李蕊、李亚玲、金蛟、李春霞、苏效乐、张丽华、徐秀珍、王兰云、苏秀雯、余节弘、周悦昇、尹乾、付新丽、于秋生、王健、郭文莲、张玉新、高鑫、刘继红、乔彦友、吕建生、伍春兰、郭玉峰、闻岩、徐丽萍、张劲松、韦军双、崔夕君、邱绍顺、王发森、张宁宁（1998届）、麻洪灯、欧新良、梁芳、杨秀嫱、林芳建等老师和系友的帮助，得到了北京师范大学档案馆和北京师范大学出版社的大力支持。在此，我们对本影集所提供帮助的单位和个人所付出的辛勤劳动表示衷心的感谢！

欢迎读者指出影集中的疏漏之处。来信或邮件请寄：

100875 北京市海淀区新街口外大街19号 北京师范大学数学科学学院李仲来收。

E-mail：lizl@bnu.edu.cn。

李仲来

2018-05-28

北京师范大学数学科学学院简介

　　北京师范大学数学系成立于 1922 年，其前身为 1915 年创建的北京高等师范学校数理部，1983 年成立数学与数学教育研究所，2004 年成立数学科学学院。学院现有教职工 91 人，其中教授 39 人，副教授 31 人；教师中有博士学位的教师占 98%。特别地，有中国科学院院士 2 人，第三世界科学院院士 1 人，全国高校教学名师奖 1 人，教育部长江学者奖励计划特聘教授 3 人、长江学者奖励计划讲座教授 1 人、长江学者奖励计划青年学者 1 人，国家杰出青年基金获得者 3 人、国家优秀青年基金获得者 2 人，入选新世纪百千万人才工程国家级人选 2 人。现有全日制在校生 1 290 人，其中本科生 964 人，硕士研究生 228 人，博士研究生 98 人。

　　数学科学学院 1981 年获基础数学、概率论与数理统计博士学位授予权，1986 年获应用数学博士学位授予权。1988 年，基础数学、概率论与数理统计被评为国家重点学科。1990 年建立了北京师范大学第一个博士后流动站。1996 年，数学学科成为国家"211 工程"重点建设的学科。1997 年成为国家基础科学人才培养基金基地。1998 年获数学一级学科博士学位授予权。2001 年概率论方向被评为国家自然科学基金创新群体。2005 年进入"985 工程"科技创新基础建设平台。2007 年数学被评为一级学科国家重点学科。2008 年数学与应用数学专业师范教育方向获第一批高等学校特色专业建设点。2009 年教育部数学与复杂系统重点实验室挂牌，分析类课程教学团队被评为国家级优秀教学团队，调和分析与流形的几何方向被评为教育部创新团队。2017 年在高校第 4 轮数学一级学科评估中排名 A 类。2017 年 9 月，数学学科进入世界一流建设学科名单。2017 年 10 月，数学学科在美国新闻与世界报道（US News）联合汤森路通公司发布 2018 世界最佳大学学科前 100 排名榜中列 45 位（2017~2015 年分列 30，29，40 位），在内地高校中排名第 3 位。学院还有 6 个硕士点，8 个教研室和《数学通报》杂志编辑部。

　　103 年来，数学科学学院已毕业全日制本科生 8 687 人（不含辅仁大学数学系毕业生）、专科生 415 人，已授予博士学位 476 人，硕士学位 1 956 人，研究生班毕业 209 人。据不完全统计，在博士毕业生中：当选为中科院院士 2 人，当选为第三世界科学院院士 1 人，获全国高校教学名师奖 2 人，入选万人计划教学名师 1 人，任教育部长江学者奖励计划特聘教授 3 人，中国科学院百人计划 1 人，获国家杰出青年基金 6 人，获国家自然科学奖 4 人，获国家科技进步奖 3 人，获国家级有突出贡献的中青年专家称号 2 人，入选新世纪百千万人才工程国家级人选 2 人，入选全国百篇优秀博士学位论文 2 篇，获全国百篇优秀博士学位论文提名奖 5 篇。

2018-10-28

目录

北京师范大学
数学科学学院
100周年庆典
1915~2015

北京师范大学数学科学学院师生影集

7

2

师生影集

北京师范大学
数学科学学院
100周年庆典
1915~2015

北京师范大学数学科学学院师生影集

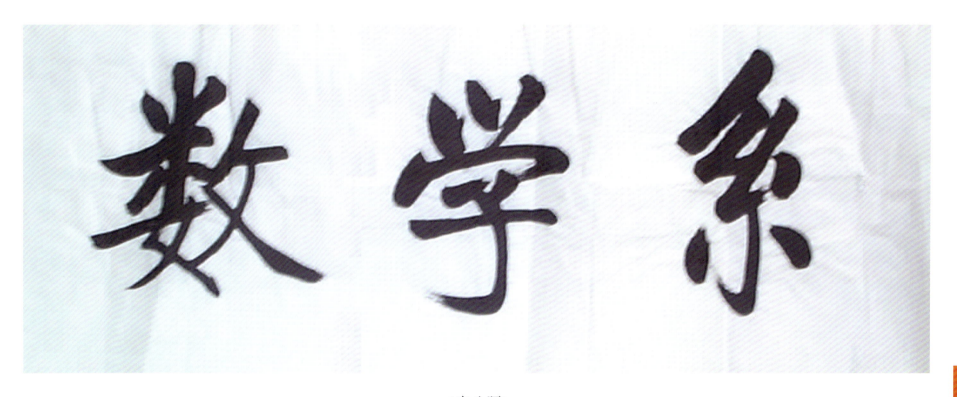

（启功题）

1981届本科生（摄于图书馆前）

第 1 排（左起，下同）：徐秀珍 *、余玄冰 *、李英民 *、刘秀芳 *、韩丽娟 *、傅若男 *、刘贵贤 *、严士健 *、王世强 *、钟善基 *、蒋硕民 *、张禾瑞 *、罗承忠 *、郝钠新 *、丁尔陞 *、马遵路 *、曾昭著 *、沈嘉骥 *、陈方权 *、王占旺 *、王敬赓 *、江国宁 *、刘美 *。

第 2 排：周悦昇 *、高青林、姚志洵、陈黎、钱小蓉、赵丕谊、岳其静、张红、董小英、周枫、梁威、王江慈、田燕、王天池、李乃立、刘保平、徐蕾蕾、桑登珠、邱凤莲、李全展、车煊、张敏、李鑫、陈克伟、朱进、史志刚 *。

第 3 排：孙久弗 *、苏秀雯 *、陈子真、高竞、陈方樱、种秀华、丁小浩、郭洁、吴耀红、原晓科、蓝宝玲、全力、王怡萱、李春萍、谭丽芳、李继英、崔丽芳、刘小一、应敏、虞超美、黄广平、刘军、徐明、朱大钧。

第 4 排：谢宇 *、孔国平、班春生、史晓明、肖问生、潘志、郑秀林、周以匀、马京奎、刘洁民、罗学刚、谢异同、程汉生、刘力实、黄玮、张大宁、李迅、陈志云、徐长胜、包克勤、李小列、吴克义。

第 5 排：朱正元、杜学孔、张振田、纪永强、李祖刚、田五龙、陈万里、张宏才、郇中丹、武涛、薛亚刚、吴士晖、张洪青、马英建、郭德成、韩立岩、刘意竹、孙贤和、段文喜、王路、孙维本、洪志坚、赵东江、朱成喜、庞阳。

北京师范大学数学系八三届毕业生与老师合影

1983 届本科生（摄于图书馆前）

第 1 排：邱峰、施国华、王智滨、谢海明、谢宇 *、李有兰 *、柳藩 *、徐秀珍 *、刘贵贤 *、李英民 *、丁尔陞 *、罗承忠 *、赵桢 *、吴品三 *、张禾瑞 *、赵慈庚 *、董延闿 *、钟善基 *、曹才翰 *、李景斋 *、刘美 *、乔洪文 *、郑进保 *、史志刚 *、刘永平 *、贾绍勤 *、赵枫朝、高富荣、奚青、雷夏玲。

第 2 排：黄丹华、梁玮萍、郑萼、严小颖、王庆华、刘静涛、万丽、刘学婷、张帼奋、刘艺冰、丁新娟、唐真、颜素蓉、郭琪、蔡超、吴捷三、杜彩霞、王晓园、宗蓉、刘雨晴、李宇、江丽华、曾雪兰、孙莹、佟秀华、陈晏、赵庆芝、李萍、孙晓明、周丽珍、纪英、张梦霞、郭秀花、余森森、沈佩真、陈娟、李爱玲、胡小丹。

第 3 排：李建章、崔恒建、薛锐、杨震、王顺义、王先阶、蒋文江、蔡金魁、李树文、袁华、门少平、王汉文、王建军、戴敦敬、刘雨、袁学海、龚灏、韩路、徐建明、罗敬辉、刘勇、黄泽兴、周小明、何家建、陆志明、孙国文、张星虎、谭学挺、彭求实、肖广全、张林、金林、李敏、陈波、阎景武。

第 4 排：徐光、斯日古楞、张奉伍、张大克、关伟、柯志勇、李仁所、米洪海、张绯绯、李宏军、戴斌祥、王云峰、谭若凡、陈松蹊、蒋力、张进军、王平、刘允、王安心、胡伟康、李坚、李雪、颜实、沈健、朱兴龙、纪波、刘永国、李志锋、苏雅拉图、毛敏、韩阳、林河顺、陈耕、刘家明、罗建刚、周力奇。

北京师范大学数学系80级全体师生毕业留念 1984.6.1.

1984届本科生（摄于图书馆前）

第 1 排：刘继志 *、黄锡瑶 *、丁玉珍 *、邝荣雨 *、胡景浩 *、孙久荑 *、陈方权 *、张英伯 *、余炯沛 *、沈嘉骥 *、王伯英 *、王隽骧 *、童直人 *、丁尔陞 *、蒋硕民 *、严士健 *、王梓坤 *、赵桢 *、罗承忠 *、曹才翰 *、管甲仁 *、李英民 *、傅若男 *、孙瑞清 *、李占柄 *、刘美 *、曾昭著 *、王敬赓 *、余玄冰 *、蒋人璧 *、周美珂 *、阎瑞果 *、郑小谷 *、徐秀珍 *、徐长胜 *。

第 2 排：王希常、陈侃、王军、张秀平、刘国山、潘弋清、吕健、雷天刚、阎立波、李长军、林玮、唐金桥、冯水、宋华、刘康、邢君庆、衣国宁、邱小虎、王弘、黄会来、许悦、郑亚利、高小弟、武卫华、董昭、李光辉、刘先锋、张惠刚、张晓军、薛军松、左大辰、史延锋、李永琪、李朝阳、田东风、罗文强、杨靖。

第 3 排：刘坚、王仲颖、黄展鹏、孙敬水、任幼明、张瑞、胡伟卿、黄新、何一涛、梁冯珍、袁玉英、安杨、李冰梅、韩梅、张虹、张冬怡、荆岷、娄玉、刘小青、伍春兰、李京一、张铭杰、宋瑞霞、徐毅、钱云、王凝、杨慧波、周晨星、焦希鸣、沈建勋、朱瑛、李英、谢宇 *、王天华、王艳明、陈福军、张晓南、杨玉玺、李京祥。

第 4 排：沈建华、郑传金、易小丁、钱明哲、孔祥旭、许若宁、丁宏、张严、王子玉、裴丞、萧明、张琦、许富根、黄泽兴、孙金锁、王开华、王家爱、池振明、何凤彪、胡长青、周和芬、金成柏、崔杰、白伟雄、刘际元、何青、夏亚峰、薛秀谦、杨明、郑肖锋、陈波、张鹰、杨刚、任晓虹、许中元、王为、杨学增、沈家正、于忠义、雷孟京、江军、陈燕平、黄其申。

北京师范大学数学系八一级毕业留念

1985届本科生（摄于图书馆前）

第1排：钟育彬、沈复兴 *、蒋人璧 *、陈木法 *、洪吉昌 *、余玄冰 *、刘秀芳 *、廖昭懋 *、孙久苪 *、曾美美 *、池无量 *、王隽骧 *、董延闿 *、蒋硕民 *、赵桢 *、邝荣雨 *、罗承忠 *、马遵路 *、陈公宁 *、孙瑞清 *、曾昭著 *、陈方权 *、刘美 *、郑进保 *、孙路弘、刘艳永、练肇通、凌向明、王梦东、朱海洪、王建明、曾应昆。

第2排：谢宇 *、李育芝、郭秀清、高素娟、孙文敏、李晓华、杨淑琴、焦莉、陆景宣、洪京爱、蔡越虹、金明鸥、冯启珂、陆建芳、付巍、戴宁、曹丽华、王雨燕、周佳、刘玉仙、左萍、朱文芳、洪玲霞、李美生、胡云娇、鲍永平、刘小川、邓展、白志慧、张建新、刘绳茂、杨威、马欣、吴仁华、胡亦君。

第3排：李绍玲、刘勇、马春秋、苗俊杰、秦伟良、罗守山、毕海峰、余洵、牟海涛、杨永志、周家华、窦永平、于绪宝、宋铭、林永伟、马自力、顾峰、刘立新、李汝修、傅循建、高祥宝、郑熙春、保继光、刘仁权、王文阳、徐跃武、梅霖、李冀、余洋、朱安交、尹承军、任荣华、余军扬、李金明、肖峰、周建议、武胜利、龚道训。

第4排：郑承迅、林亚臣、赵拥社、魏安金、常明、许松、钱海荣、廖河河、胡京兴、吴嘎日达、李建华、郑毅、李万顺、杨辉、宋士军、薛宝龙、王德民、王兴平、胡明杰、牛少彰、张新育、王红瑞、朱长远、邓凯、胡斌、施涌、梁景伟、庄增刚、杜永强、甘向阳、李正兴、邵永照、王永会、陈敏、王海敏、卢训华、任子朝。

北京师范大学数学系八二级同学毕业留念1986.6.17.

1986届本科生（摄于图书馆前）

第1排：张学军、覃社庭、张和平、卢晓东、赵修忠、刘沪 *、刘永平 *、胡景浩 *、张益敏 *、王昆扬 *、沈嘉骥 *、孙瑞清 *、徐承彝 *、曹才翰 *、董延闿 *、王梓坤 *、方福康 *、邝荣雨 *、刘绍学 *、罗承忠 *、曹锡皞 *、陈公宁 *、刘美 *、周美珂 *、曾美美 *、傅章秀 *、史志刚 *、钱珮玲 *、孙魁明 *、高颖、赵华杰、裴发才、常青。

第2排：黄仁锐、李国锋、陈静、甄苓、许燕、赖兰、余剑、王宏丽、张霞、刘建慧、邓文虹、黄晓兰、缪克英、李岩、张姝、史燕洁、张慧欣、马波、吕凤萍、周燕莲、唐晓翠、史悦、陈雅丽、郭文清、胡桃、凌福珍、杨萍、王顺英、姜秀燕、刘慧芳、和丽军、郭仁娟、刘曼兰、杨华蔚、吴灵敏、林健、王志京。

第3排：沈浩、李祥林、韦苇、习清、侯文宇、郭斌、张岩、于福生、韩立刚、张庆富、王安勤、高虎明、丁国义、文胜友、薛彬、王秀生、刘晋平、王茂春、丛金明、庞晶、常保平、汤国明、慕运动、王兵、黄兴民、郑文毅、冯崇海、蔡健、王瑞雪、张金河、陈为政、王维寿、乐小英、张宗平、马新明、汪宁涛、罗振朋、殷长茗、巢建江、王力、胡焱。

第4排：张斌、张玉琦、苏时光、陈毅文、郭兴明、耿勇、刘晓潮、谭春生、李绍明、饶维亚、朱砾、马万青、方龙雄、张领海、柴惠文、顾强、张鹤、娄岩、杨华龙、胡玉舟、郭树茂、地米提、郑海鹇、李星、熊品寿、崔建国、张阳、章壮洪、王建荣、杨兵、包泉鳌、赵学雷、刁联望、欧新良、于琛、尹克新、张强、王宏武、任军、邹林全、许为民。

1988 届本科生（摄于主楼前）

第1排：田东风 *、刘沪 *、马遵路 *、黄登航 *、余玄冰 *、王伯英 *、周美珂 *、沈嘉骥 *、陆善镇 *、孙永生 *、王梓坤 *、董延闿 *、郝钠新 *、王世强 *、曹才翰 *、邝荣雨 *、刘美 *、蔡金法 *。

第2排：张超、王筱丽、张金玉、李凌、刘晓娥、龚光瑛、赵立新、庞丽华、吴雅娟、王锦新、赵建宏、强晓莉、袁芳荣、李江晖、施泓、杨洪、冯文丽、张丽娅、高玉莉、史凤丽、骆惠珠、张晓霞、吴晓蕙、文晚霞、梁志新。

第3排：曾宏红、罗毅、腾于忠、周腊意、张云清、张灯林、刘春明、卢向东、丁洁琳、黄加流、姜明华、周卜华、林孔容、刘存舜、程杰、刘永卫、华荣伟、徐珂文、胥传美、廖建磊、曲智林、王昱、徐向东、沈卫忠、赵一平、陈云生。

第4排：张雅平、刘洁民 *、顾承坤、李晓忠、毛阔龙、魏韧、张小超、斯里满江、郑钢锋、燕敦验、周帮建、王士模、张江长、张贵才、何立恒、胡茂林、金涛、向勇、冯雷、牟宏让、胡延国、邵起宏、孙坤荣、闻岩。

第5排：张青民、张培强、田宏忠、徐丰、段秉坤、杨文举、赵建国、吴家强、潘荫成、游保华、王华随、许立明、匡奎远、李德清、刘向东、陈松波、顾勇为、王建、唐世连、石峰、吴幸福、王修明、齐宏伟。

第6排：孙家涛、袁家林、蔡博、孙晓明、许黎明、汤大林、张明山、杨庆生、朱东弼、毛佳飞、王勇、解克勤、刘贤华、赵集贤、倪清芝、彭红生、史交齐、雷鸣、黄学毛、杨朝晖、王金才、李群。

1989届本科生（摄于教七楼）

第1排：李旺来*、刘美*、王申怀*、蒋铎*、罗承忠*、余炯沛*、周美珂*、孙瑞清*、陈方权*、赵桢*、王隽骧*、方福康*、赵擎寰*、董延闿*、吴品三*、朱同生*、孙魁明*、傅若男*、张益敏*、高素志*、胡静*、廖昭懋*、洪良辰*。

第2排：赵敏、刘慧、谢宇*、王红革、刘佩青、杨涛、陈彦、唐斌兵、宋明辉、崔帆、闵学勤、丁捷、张巧显、胡雁文、于红梅、田建文、王素莲、张铁英、陶文莉、池春素、张岩、樊东华、谷红、郭俊芳、宋春梅、冯琴、赵清华。

第3排：王健、樊青、杨锦云、黄烈燕、谢萍、王嘉蓓、鲍静怡、杨宝慧、郭文英、李赛雪、张宇甜、闵红梅、米玉珍、刘继红、唐革联、杨远华、马骏、陈志彬、彭重嘉、沈祖建、邱武、卞迎刚、何志文、杨永新、刘洁民*、王中华、余香阁、刘晓镜、程林凤。

第4排：彭闯*、史志刚*、岳昌庆、李文、曹良红、张仁成、吕良权、师五喜、胡金球、杨雷、丁仁友、胡国专、梁军、韩海鹰、刘玉铭、崔显峰、庄锁法、柯少华、顾守源、吴小平、郭小群、彭向东、薛金友、韩斌、龚利森、曹付生、闻岩、吕福祥、陈拥军。

第5排：康志勇、王建忠、吉祖鹏、李仲来*、沈新权、张斌、张志祥、龚卫东、刘武军、吴永俊、杨文平、唐振鹏、刘旭、吴华、邱修良、张惠品、王小平、谭武昌、吴文辉、贺志军、杨皓、周峰、杨清明、张志锋。

第6排：周正清、王岩松、陈鸿、克玛勒别克、周正康、马志堂、徐志斌、刘章明、向东长、侯军宏、刘先仿、张建林、孙祥雨、曹正进、覃永昼、张弩、金钟植、杨晓林、冯安邦、范绍华、何仁和、彭本新、顾世山。

第7排：贾鹂、李国庆、李新雄、解建成、朱俊峰、王昭顺、胡金平、李江涛、杨治辉、张新元、王延义、姚秀山、张志煌、段益城、程渝、周贤玉、王建东、王光生、曹文彬、朱正清、郑丽勇、张伯男。

1990届本科生（摄于图书馆前）

第 1 排：杨军、刘洁民 *、李凡、李满天、刘视湘、徐新远、史志刚 *、刘文元、张耀庭、陈隽、魏和文、丁晓、蔡文雨、周文、查东辉。

第 2 排：张红、罗益群、张艳红、张益敏 *、谢宇 *、蒋滋梅 *、余炯沛 *、王伯英 *、陈方权 *、王申怀 *、王隽骧 *、邝荣雨 *、曹锡皞 *、罗进、刘歆、高艳芬、苏梅兰、刘志春。

第 3 排：鲍晓梅、赵君莉、刘志平、张敏枝、许艳芳、杨爽、刘桂兰、王红、刘晓燕、孟虹、余立新、张蔚、张洪娟、莫莉辉、胡咏梅、李新、杜朝丽、纪立新。

第 4 排：韩立刚 *、刘小忠、朱效东、王勇、娄新义、栗演兵、胥耀武、李润泽、吕静涛、王秀东、董爱民、黄伟、张朝晖、申贵成、施小丁。

第 5 排：浦明、陈岩、郭玉竹、骆洪文、杨华勇、方超飞、黄仁海、王江云、马景云、彭旭辉、姚晓东、蒋胜伟、侯普亭、王忠俊、谢巍、杨文凯、王明敬、吕金鉴、孟祥泽、何向东、蒙达伟、祝卫城、孙峰、任晓明、张传军。

1991 届本科生（摄于图书馆前）

第 1 排：崔新梅、唐志宇、钟静林、王惊雄、张欣之、雷文虹、于隽、马颖、王翠霞、施永红、刘文君、李欣竹、左晓丽、马梅兰、庄前红、仝叶梅、刘艳、李红举、张宪娟。

第 2 排：蒋人璧 *、曹锡皞 *、余炯沛 *、沈嘉骥 *、刘来福 *、王申怀 *、刘秀芳 *、杨福田 *、邝荣雨 *、王隽骧 *、王梓坤 *、陈方权 *、李仲来 *、孙瑞清 *、谢宇 *、郑蕚 *、傅若男 *、史志刚 *、周新文。

第 3 排：张军、杨文新、许华、吕炜、张弢、张小红、张青、邵全、石梅、张颖、吕扬、何耀光、张小剑、赵菁、徐松、宋今、陈秋华、李智芸、刘志馨、张美先、李海侠、卢小群、郭文莲、吴玉花、郭贞、周春琴、曾学文、陈红亮。

第 4 排：王庆利、阎志武、朱海元、蔡俊武、关权、尤树德、滕勇、张仲祥、黄海波、彭秋良、李培松、万里鹏、于平海、王申旺、罗青林、王贵林、刘宏兵、陆阳、付爱明、余亚东、张程、葛同国、李翠高。

第 5 排：司彤、祁新军、姚星桃、林军、顾志刚、赵青虎、刘颖、黎彬、高琨、汪洪奕、刘喜元、陈玉林、朱兵、陆高峰、魏振河、刘干、赵悦、王继勇、李为东、蒋继斌、莫家周、朱戟、汪利民。

第 6 排：刘新、韩心慧、王晓东、张宝剑、张仲谦、张德文、冉圣宏、侯立东、华九召、肖辉、杨敏、潘晓松、黄曙光、张雄、马玉龙、邹卫明、马晓晨、付军和、陈彪、范春园、黄海涛、吴聪、何彦国、高蓬、湛志海、曹世明、张贺佳、徐自乾、白剑、李向东、白海龙。

21

1992 届本科生（摄于图书馆前）

第 1 排：徐美萍、王晟、刘桂花、王薇、赵淑珍、苑小军、韩建军、王红兵、葛善友、刘皓、赵建兵、陈垂兴、孙继祥、周万根、石兴中。

第 2 排：李翠平、严瑶、葛晓红、谢宇 *、张益敏 *、廖昭懋 *、傅若男 *、罗运纶 *、沈嘉骥 *、陈方权 *、王隽骧 *、邝荣雨 *、保继光 *、黄惟明 *、陈公宁 *、杨文礼 *、卢景波 *、马遵路 *、周世杰、史志刚 *、刘力军。

第 3 排：蓝志凌、刘雁、梁竹苑、赵欣、肖范仪、夏义川、李丽、蔡秀梅、钱琳、郑苏晋、章柏红、杨柏竹、荣艺华、项慧芳、陈璐、鲁文敏、王宁、陈昕、李玉萍、金琪、冯睿、阎纳新、杨靖、赵智、邱岚、曹妍、韩米娜、徐丽萍、刘孝云、邓亚娟、周静、姚晓全。

第 4 排：徐爱华、欧勇强、冷晓东、陈军、雷玉强、张鹏高、刘向军、吕学强、陈云波、赵青海、隋治波、孙庭军、鲁开红、范星福、杨明飞、孙地诗、徐依军、李昕、陈东升、朱宇清、唐宏华、杨欢、孙斌、刘荣胜。

第 5 排：陈雄 *。

第 6 排：唐运忠、吴华山、陈清卓、马云峰、毛小磊、史远军、彭涛、李峻峰、项小聪、严向奎、郭杰群、张晓昆、郭颂、霍洪亮、徐晶、李育安、胡海潮、张树军、徐俊峰、晏晓林、杨秋元、何彦国、朱海涛、陈文艺、唐铁兵、袁晓斌、李兴春、马洪炎、曹展望。

第 7 排：徐碧元。

1993 届本科生（摄于图书馆前）

第 1 排：何芳、谢丽春、顾江萍、杨硕、张毅莲、黄涛、王颖喆、于伟东、张梅、李燕、黄珲、喻梅、韩晓玉、张燕清、吴旭红、汪岱、张翼、叶文春、尉建琴、梁芳、张瑞玲、杨树利。

第 2 排：郑敏、韦参梅、蒋人璧 *、贺军、史志刚 *、杨文礼 *、蒋滋梅 *、杨存斌 *、杨福田 *、罗承忠 *、王隽骧 *、曹锡晔 *、王敬赓 *、刘秀芳 *、周悦昇 *、郑萼 *、刘有良、代艳东、陈宏伟、王素芳、吴宪远。

第 3 排：王晓珊、徐芙蓉、徐云峰、孙朝晖、赵淑珍、王玲玲、张淑琴、刘志芳、刘凤、金竹、金育新、王琦、王祖燕、丁玉敏、周菁菁、陈福珍、赵玉霞、舒君、宋军、王悦、陈际芬、杨铁军、蒋洁、许静、刘蓉晖、徐娅、安洁、董玮、沈辉、埃米勒。

第 4 排：孙晓冰、刘春贵、约瑟夫、牛庆银、陈杰、肖珂、随传法、郑天贵、唐福明、贾利新、胡七林、计德桂、尹海冬、刘立恒、吴洪浪、钟力、朱耀春、朱红飚、梁家宁、贺卫平、姚胜、宋春雷、周红文、奥尔兰多、巴蒂斯特、向建山、杨冰、赵雄、侯德。

第 5 排：何学民、曾国光、梁奂、刘军、金青松、陈迥、李阳、王怿东、刘超、杨龙、宋慧屏、常程、王军、徐桂永、徐刚、涂拥军、陆丁、陈伟、丁喆、袁家政、黄胜华、蒋球伟、吴军刚、高家富、卢军、夏新桥、吴慈民、李晓春。

加人：高思炯、任爱东、王红勤、王敬悦。

北京师范大学数学系（94）届毕业留念

1994届本科生（摄于图书馆前）

第 1 排：王晓雁、刘新立、黄雪涛、刘怡、肖勇勤、王凤、邢凤彩、张丹、刘路漫、何志霞、杜红春、李艳平、余秋梅、杨国英、姜燕南、于杰、李瑾、陈伟青、杜海燕、王丽萍、赵丽萍、孙晓、王春红、周瑾。

第 2 排：曾文艺 *、于福生 *、余炯沛 *、杨文礼 *、陈平尚 *、黄登航 *、王伯英 *、王申怀 *、张益敏 *、王敬赓 *、傅若男 *、郑萼 *、王隽骧 *、刘继志 *、朱汝金 *、史志刚 *、刘永平 *、保继光 *、徐承彝 *、欧勇强(1992 级硕士)、罗周鸿、尚久庆。

第 3 排：王启军、李梁、杨晓涛、胡永建、李广丽、刘春艳、沈群英、李颖、张彩莉、贺炜、张丽、钟敏、林志红、梁淞、王星、吕希、张为红、李滨、宋涛、陈雪志、商广东、奚成刚、伍铃、刘吉强。

第 4 排：林芳建、李振亚、高加伟、王捷、谢东风、贺险峰、杨志龙、王国文、龙明辉、相登龙、刘元辉、袁润洲、刘金元、黄东、张润东、曹利国、桑海林、邢武晋、李节阳、刘勇、赵志强、邹昉、周祖胜、何志海、刘海、郭强华、赵北伟、王成强。

第 5 排：陈炳树、甘湘华、赖辉旻、吴晨、唐植平、李文樟、陈巍、张祖成、张铁成、邓东海、雷凯、谢联恒、龚文敏、胡宏、刘建华、邓广、伍燕然、陈平、李海东、刘凯、陈加军、杜建文、丁志强、张运涛、刘兵、詹崇赞、章里程。

加人：贺建花、王焕玲、王耘农。

1995 届本科生（摄于图书馆前）

第1排：李雪瑾、陈洁、李晓春、张春、刘学利、魏小梅、郭秦、郭建敏、赵昕、樊鹿、赵阿丽、赵淑宇、叶蕴蓉、许珂。

第2排：谢宇＊、史志刚＊、张发岭＊、孙魁明＊、何青＊、沈嘉骥＊、陈公宁＊、刘来福＊、王隽骧＊、刘秀芳＊、罗承忠＊、王敬赓＊、陈方权＊、向勇＊、李勇＊、蒋人璧＊、李有兰＊。

第3排：董玉才、李长国、朱惊涛、葛莉、张彦梅、张改莲、段丽萍、苟素、郭莉荣、桂秋云、彭玲、王炳艳、杨琼、刘红、张颖昆、王冬琳、徐艳、杨倩、李芳、刘七生、吴鹏、粟益民。

第4排：葛永超、肖瑜、彭程、汤志刚、王刚、王进、吴其闻、肖飞、曾纯青、张晓洲、金阳、朱立男、梁文生、刘海东、武志成、冯刚、罗小华、谭鲜明、刘教才、白秋富、曾宪文、石先军、康健辉。

第5排：罗兵、谢振武、熊劲、向杰、许罕、李程、冉瑞权、黄成、苏志锋、张昱、毛舸、邱晗、于大哲、王祥、常福军、苏小刚、栗士朋、张立伟、宋宇、赖辉旻、王刚、徐国民、谌小为、许云尧、唐强、安文华、朱丛高、史稳山。

1996 届本科生（摄于图书馆前）

第 1 排：潘红、雷晓莉、李小白、钟昱晖、邱华伟、郝莉、张璐、庞尔丽、钱怡、丁瑾、邓清、屈玲玲、高雪松、常广平、李桂香、潘敏、方燕、陆莎、商广娟、李战鹰、陈红、王欣、柳洁、何小花。

第 2 排：蒋人璧 *、王桂娥 *、刘秀芳 *、张益敏 *、黄登航 *、杨存斌 *、沈嘉骥 *、房艮孙 *、余玄冰 *、刘继志 *、王隽骧 *、刘来福 *、邝荣雨 *、王敬赓 *、罗里波 *、韩继岭 *、刘洁民 *、范绍华 *、李勇 *、陈方权 *、罗运纶 *、孙魁明 *。

第 3 排：周丽红、韦懿霖、任雁、代建萍、史宝娟、熊丹丹、庞凤焱、郭淼霞、陈晓晖、莫如萍、高朋香、张宁宁、许绮菲、丁明怡、王丽敏、王晨、郝瑞萍、燕轶、吕红、冯丽、陈雅娟、马海华、陈薇、黄蕊、程隽、易蓉、王晶、吴晓华、李海东（1994 级硕士）。

第 4 排：覃晓、刘芙蓉、宋迎、范小明、刘忠厚、王宏栋、李云峰、刘景明、马骋、刘保华、陈智、唐永波、肖国彬、汪泰松、李杰、董凌云、李江涛、邢昭良、王春辉、刘立士、何世龙、周建锋、张韬、杨文喜。

第 5 排：邓邦明 *、王加银、廖东升、史志刚 *、王旭刚、匡友辉、周跃群、黄涛、蒙江凌、胥斌、王水勇、李桂春、赵中华、吴谋福、李春富、杨宇峰、卢皓、李沛、崔汝义、师斌、丁国忠、李沅岸、王晨、丁仕杰、韦吉珠、刘曙昌、敖志广、宋红军、王高崇、蔡圣义、陈自文、吴小勇 *。

1997 届本科生（摄于图书馆前）

第1排：马波*、高云、杜海霞、张丽、吴富华、郝辉、刘扬、王宏、邹斌、王海霞、夏嵩雪、郜晰、陈瑜、李天虹、牛冬慧、罗瑛、吴雪霏、王利萍、刘静、何思梅、刘蓓、陈蕾。

第2排：谢宇*、王凤雨*、余玄冰*、李勇*、杨存斌*、朱汝金*、刘来福*、陆善镇*、刘继志*、王伯英*、保继光*、何青*、杨靖*、孙魁明*、陈方权*、柯小伍*。

第3排：于福生*、罗运纶*、刘洁民*、史志刚*、吴丛明、谢临震、姚华鹏、鲁智虎、柳叶威、廖鹤鸣、周鹏、陈杨、贾力伟、孙德柱、冯黎明、张勘、董将虎、孙晖、张川、徐涛、胡昕、宋顺达、瞿晋萍、李海东（1994级硕士）、李仲来*、邓邦明*。

第4排：谢卫、周宏立、尹乾、丁燕、彭红、张锁良、李双平、陈孟伟、黄凤圣、孙秀平、余节弘、刘华斌、铁军、张祖宏、左卫兵、冶建华、王启广、李道军、陈龙清、李腾勇、程莹、李平。

第5排：孙苇、陈子忠、谢小清、罗冬长、朱宇、陈镔、吴江、刘建玉、季素果、李晋渊、吕绍川、于海飞、阎大贵、王家文、李红、程金能、邹波、黄小为、黄立坡、刘波、胡军、岳昌庆*、蒙江凌、夏其刚、杨海燕、朱江、涂学民。

1998 届本科生（摄于图书馆前）

第 1 排：张清、王建波、黄克强、陈翠霞、胡芳、何惠红、杨晓丽、覃浩姣、王春华、李蕊、林妍艳、杨晓霞、黄静、郑茂霞、黄彩英。

第 2 排：管林 *、张淑梅 *、谢宇 *、余玄冰 *、蒋人璧 *、张益敏 *、史志刚 *、崔恒建 *、郇中丹 *、李洪兴 *、刘来福 *、郑学安 *、刘继志 *、罗运纶 *、蒋滋梅 *、王敬赓 *、杨存斌 *、陈平尚 *、陈方权 *、于福生 *、张余辉 *。

第 3 排：莫亚梅、胡小红、刘悦、刘石霞、付新丽、李巧玲、张春霞、张雪迎、何末、余云莉、王洋、程晓琳、林宇力、胡宁燕、徐杰、吴京蕾、董朝霞、何维、刘琳、唐黎沙、李亚玲、万元春、范英丽、陈晓娣、陈慧超、黎淑兰。

第 4 排：孔双雄、张强、高文逊、赵永恒、张德新、王帅、王建伟、朱兴国、夏勇、付占军、丁安华、欧湘亿、毕福明、肖勇钢、薛成立、曾庆业、刘冬、林新华、周长春、苏强、陈军杰、金国军、姚利、章洪超、雷庆军、姚亮。

第 5 排：季清政、耿旭龙、张天文、刘进、陆涛栋、徐树富、叶思泽、汪胜、张春杰、阎大贵、何洋波、马坚、桂隽超、王建、李虹、姜海涛、王健、陆志坚、高友峰、马小土、陈飞鸣、何立荣、柯华斌、李长敏、应明波、余节弘、金清明、李宇航、姜庆新。

1999 届本科生（摄于图书馆前）

第1排：史志刚＊、何青＊、刘洁民＊、刘来福＊、吴小勇＊、黄登航＊、卢景波＊、沈复兴＊、王伯英＊、陆善镇＊、罗运纶＊、邓邦明＊、张秀平＊、李勇＊、刘媛、钱慧渔、刘会英、叶蓁蓁、高晴、旷冬云、张翼、钟婷。

第2排：孙士平、曹东方、王春芳、白英、周笑健、李亚平、杨丽颖、张春侠、刘晓萍、段蕾、李春霞、陶红英、袁金香、傅冬梅、黄晓华、邢悦、裴萍、姚宁、邱小瑾、刘兴华、陶桂平、李慧兰、石志敏、殷月霞、陈磊、路瀛、桂庆华、李健、吴迪、李英姿、黄雪莹。

第3排：阎洪波、崔佳佳、姚方、李海军、杨涛、傅宗飞、张豫、冯文科、刘清、梁青、汤向明、李强、李伟、宁伟、鲁冠华、罗康文、季建兵、杨昂、王小明、李斌、王雨生、王江波、洪来道、段锦矿、徐渤海、芦金武、范志强、黄晓轩、邵梅。

第4排：祖志辉、胡晓雁、张雷、孔令龙、韦荣凡、黄长春、杨宏会、张绍武、黄驰云、赵实、张炜卓、陈昕烨、吴云峰、梁鹏、姚国梁、江加乾、卞继承、金蛟、叶永亮、杨军强、刘磊、张奇支、曾清国、金巧根、金春林、梁为龙、苏效乐、俞江、张鼎权。

37

1987届专科生（1984级青海班，摄于主楼）

第 1 排：周翠微、殷文菊、梁艳忠、朱蓉、孙青芬、李洁、李海华、刘坤琴、张海英、齐青霞、李齐芬、孙振果、郝守化、胡建华、裴淑兰、李晓梅、刘世花、张香兰。

第 2 排：刘美＊、曹锡皞＊、王家銮＊、余玄冰＊、杨文礼＊、管甲仁＊、卢景波＊、沈嘉骥＊、周美珂＊、傅若男＊、严士健＊、赵桢＊、杨福田＊、潘懋德＊、黄登航＊、蒋滋梅＊、张益敏＊、李乃凤＊、苏秀雯＊、贾绍勤＊、曹才翰＊。

第 3 排：吴英、郝贵阳、赵思源、魏秀花、王英兰、罗青芳、保吉菊、刘林青、牛海桃、赵月秀、康瑞静、张以香、史建文、索生宇、雷富花、宋春英、傅青慧、冯晓燕、王兰云、赵凤兰、张美利、曹秋兰、李雪茹、张敏、耿玉莲、王永春、徐亚青、李清平、余俊＊。

第 4 排：郑萼＊、徐秀珍＊、余良、米琛华、李进元、窦新贵、江海军、郭士平、王纪和、李生伟、张国福、任慧章、王林超、孟令江、郭海青、徐玉宝、李启武、杨元昆、侯浩才、赵全德、李永寿、王正福、王海峰、邝荣雨＊、刘沪＊。

第 5 排：郗广利、史志刚＊、王国顺、朱孔武、谢纶邦、裴俊安、孙林虎、刘占仓、程全德、魏新海、王朋飞、李永庆、范和山、朵庆、祝显宏、申威昌、李文龙、李明廷、陈嘉龙、李得怀、范斌宁、赵广良、陈建学、张秀海、刘成旭、文平、李春邦。

第 6 排：湛江波、李福成、李生光、祁宝林、李永春、刘士勇、韦伟、李福、蔡有彦、俞发俊、李启盛、张陆海、牛广林、李晓军、李国强、贾顺来、李积德、吴海庆、郭增伟、韩庆允、何伟、王大伟、陶柏、张洪明、王惠珍。

1993届专科生（1991级烟台班，摄于图书馆前）

第1排：郭晓玲、姜美花、刘彩霞、张静、张国英、郑英华、高秀红、马翔、李勇＊、王隽骧＊、邝荣雨＊、曹锡皞＊、王敬赓＊、郑萼＊、苏秀雯＊、孙彬、李红艳、聂秋艳、孙旭梅。

第2排：吕战英、周京梅、张晓明、姚焕静、邢玉红、杨春红、赵边玲、刘爱华、李娜、孙艳玲、郝兆霞、吕国华、高淑香、郑杰、吴淑霞、林翠、王雪莲、王秋香、于俊红、杜铁芹、崔夕君、韩月华、王玉欣。

第3排：林永军、李伟林、曲向玉、于永庆、初振臣、王国兴、林迨波、刘乃璋、姚维强、林波、曲文浩、杜庆晓、孙旭光、吕京勇、张建军、邹庆友、陈正义、李桂芹、韩绍宁、衣爱华。

第4排：杨晓晴、孙吉广、李美林、张士勇、王成文、林嵩、李文强、郝士章、王洪涛、于善渤、冯泮奇、邱绍顺、李大建、刁瑞利、张晋丰、邹新刚、王廷军、马世胜、林健、杜涛、柳海涛、贺国生。

加人：孙德豪。

1994届专科生（1992级烟台班，摄于图书馆前）

第1排：谢秀玉、王丽萍、曾文艺*、刘洁民*、刘永平*、王敬赓*、王申怀*、王隽骧*、刘继志*、史志刚*、张惠品*、郑萼*、赵志梅、林宏。

第2排：姜程燕、杨淑丽、于娟、林旭娥、万伟艳、李慧颖、岳葆香、吴长华、车燕飞、刘红梅、严广荣、高冬燕、马伯卿、林雪梅、王春翠、杨春燕、高其杰。

第3排：刘光辉、齐维朋、于利群、曲明仕、张月文、孔志德、矫兴梁、徐在军、杨学光、李安波、曲志英、孙向华、柳忠超、唐晓慧、杨明、于秋生、王亚林。

加人：于维涛、于忠华。

1995届专科生（1993级，摄于图书馆前）

第 1 排：阎丽平、王开、迟美霞、田永霞、王红霞、孙美娜、滕华义、胡艳霞、蔡华伟、王小玉、马丽辉、于静、丛竹、王俊玲。

第 2 排：苗晓倩、丁淑平、曾文艺 *、刘洁民 *、王敬赓 *、王申怀 *、刘来福 *、王隽骧 *、罗承忠 *、史志刚 *、苏秀雯 *、周悦昇 *、蒋人璧 *、郑萼 *、郭学男、曾招弟。

第 3 排：于萍、张秀萍、廖丽英、林海鸥、胡晓霞、郑俊儿、何洁、张小丹、周敏葵、郑海晓、陈月松、林少平、于欣芳、张彩霞、徐东静、杨秀嫱、张红梅、于新芝、王文影、梁兴兰、姜夕红、徐智芬。

第 4 排：李圣浪、黄靖、李泉、王光秋、陈海生、董希妙、黄一品、林德营、冯安敏、戴圣国、章万智、郑克、陈洪攀、潘进星、阎照诚、麻胜勇、杨明辉、王金威、董光明、桂新光、朱汝清。

第 5 排：赵曙、麻洪灯、周军军、徐贤凯、周源云、张乾文、张积净、徐象达、傅化赛、姜方才、余节弘、隋明泽、姜军政、钟春生、董将虎、朱文书、吴晓伟、黄海鹤、陈全权、张圣锋、孙永乐、于鑫、于志强、刘永铭、孔万森。

1996届专科生（1994级，摄于北京师范大学北校）

第1排：郭长民、周琳、时世英、孙华芳、刘悦、褚夫兰、高芳、马娟娟、张春霞、吴明成。

第2排：韩琦、卢磊、张玉新*、籍之伟*、刘来福*、王亚明*、吕静涛*、姚光杰、王刚。

第3排：阎少勇、张永宇、邹辉、冯立川、罗林、向其军、徐渡江、王保山、李寿新、王健、田家平、畲景宇、华伟、秦宗华。

1997届专科生（1995级，摄于北京师范大学北校）

第1排：车加鹏、籍之伟*、李直*、王亚明*、毛永华*、吴小勇*、李丽*、张玉新*、张强*、宋均飞、徐延波。

第2排：张筱沛、陈守萍、李艳、武林、孙永、韦军双、刘志扬、王炳敏、邓昌华、涂祥霞、李殿霞、贾凌岩、王真、阎涛。

第3排：都军、孙世庆、王伟军、贺云海、郝广成、贾磊、曹伟、王建东、宋亮、梁庆昌、白海涛、孔德锁、李运辰。

加人：郭学华。

1998届专科生（1996级，摄于北京师范大学图书馆前）

第1排：刘炳鑫、崔恒建*、周悦昇*、刘来福*、郑学安*、刘继志*、罗运纶*、管林*、史志刚*、寇忠业。
第2排：李传波、冯燕、刘静静、张宁宁、季晓芯、薛艳艳、李淑华、李辉、丁丽云、葛玉霞、袁海艳、侯兆信、丁文。
第3排：王利、武振宁、王发森、傅春杰、徐万坤、高青勇、梁高峰、乔治、魏玉友、王超、刘建平、周洪光。

1981届1班本科生（1979年5月4日摄于颐和园）

第1排：丁小浩、高竞、钱小蓉、周枫、张红、高青林、种秀华、陈方樱、吴耀红。

第2排：虞超美、姚志洵、岳其静、梁威、陈黎、应敏、原晓科、郭洁、陈子真。

第3排：李祖刚、孔国平、郑秀林、罗学刚、刘力实、陈万里、黄玮、史晓明、刘洁民、班春生。

第4排：吴士晖、史志刚＊、张大宁、薛亚刚、武涛、纪永强、杜学孔、郇中丹、张宏才、田五龙、朱成喜。

1981 届 2 班本科生（1979 年 5 月 4 日摄于颐和园）

第 1 排：全力、刘保平、李全展、李春萍、谭丽芳、刘小一、万红、王怡萱。

第 2 排：李继英、车煊、崔丽芳、徐蕾蕾、邱凤莲、王江慈、田燕、桑登珠、王天池、张敏、曾雪琪 *。

第 3 排：庞阳、徐明、包克勤、陈克伟、王路、史志刚 *、李迅、潘志、刘军、李鑫、徐长胜。

第 4 排：谢异同、段文喜、张洪青、马英建、郭德成、朱进、巩如辉、刘意竹、韩立岩。

1982 届 1 班本科生（摄于图书馆前）

第 1 排：林水平 *、曾美美 *、张益敏 *、傅若男 *、刘美 *、王伯英 *、罗承忠 *、钟善基 *、张禾瑞 *、董延闿 *、陈绍菱 *、赵桢 *、张其友 *、郑进保 *、韩丽娟 *、高素志 *、钱珮玲 *、洪良辰 *。

第 2 排：韩俊峰、李有兰 *、蒋人璧 *、刘秀芳 *、谢宇 *、廖锦萍、段顾群、金郁向、周立基、宋京生、王春英、季宇、张瑞鑫、田园、傅湘、高玉敏、寇林、康玉林、王笃忠、贾龙飞。

第 3 排：吴木毅、房艮孙、张建平、邱镜亮、高擂、刘沪（2）、赵俊、杨新雨、李庆德、张锦川、黄自强、袁成、张跃、靳玉飞、卢膺梧、何新程、孟昭云、王聪华、张月明、李允贵 *、郭家宏（2）。

第 4 排：王国青、熊鹏荣、王松瑞、蒋迅、郑君礼、肖勇、朱天保、马德刚、蒋忠宏、成涛、李子华、袁强、谷力军、施健、向聂琳、许以纲、张宏凯、任平泉、黄斌、黄嘉平。

加人：刘红、潘鲁全、王德沅。

1983届2班本科生（摄于图书馆前）

第1排：金林、李敏、陈波、张林、王先阶、施国华、谢海明、史志刚＊、奚青、陈娟。

第2排：沈佩真、张梦霞、周丽珍、丁新娟、佟秀华、刘雨晴、江丽华、陈晏、孙晓明、纪英、郭秀花、高富荣。

第3排：戴敦敬、刘家明、陈耕、戴斌祥、沈健、门绍平、关伟、毛敏、徐光、王建军。

第4排：胡伟康、王安心、刘允、王平、张进军、谭若凡、王云峰、朱兴龙、王汉文。

1983届3班本科生（摄于图书馆前）

第1排：邱峰、李建章、薛锐、谭学挺、贾绍勤＊、王智滨、黄丹华、赵枫朝、李爱玲。

第2排：赵庆芝、李萍、万丽、刘学婷、颜素蓉、吴捷三、宗蓉、唐真、王庆华、严小颖、刘静涛、胡小丹。

第3排：彭求实、韩阳、李志锋、周小明、罗敬辉、林河顺、杨震、袁华、王顺义、肖广全、崔恒建。

第4排：张奉伍、张大克、李雪、李坚、蒋力、陈松蹊、林富祥、米洪海、斯日古楞、苏雅拉图。

加人：关洪志、曾利江。

1984 届 1 班本科生（摄于图书馆前）

第 1 排：张惠刚、张晓军、杨慧波、丁玉珍*、徐秀珍*、娄玉、张铭杰、安杨、薛军松、罗文强。

第 2 排：胡伟卿、袁玉英、韩梅、夏亚峰、杨靖、李永琪、何青、孙敬水、焦希鸣、朱瑛、张蕤（张瑞）。

第 3 排：江军、刘坚、黄其中、张鹰、薛秀谦、李朝阳、杨明、金成柏、郑肖峰、陈波。

第 4 排：陈燕平、黄展鹏、王仲颖、任幼明、史延锋、陈福军、王弘、刘际元、左大辰、白伟雄。

1984届2班本科生（摄于图书馆前）

第1排：梁冯珍、张虹、宋瑞霞、徐毅、李英、谢宇＊、张英伯＊、周晨星、黄新、刘小青、武春兰、张冬怡。

第2排：黄泽兴、王子玉、裴丞、张琦、孙金锁、衣国宁、崔杰、王家爱、郑亚利、杨学增、沈家正、雷孟京、于忠义。

第3排：萧明、潘弋清、吕健、王开华、雷天刚、阎立波、李长军、任晓虹、黄会来、刘先锋、高小弟、武卫华、邢君庆、许富根、郑传金。

1984 届 3 班本科生（摄于图书馆前）

第 1 排：沈建华、何一涛、王艳明、荆岷、钱云、许若宁、卢士樵 *、徐长胜 *、李京一、沈建勋、李冰梅、王天华、王凝。

第 2 排：易小丁、王为、钱明哲、孔祥旭、张严、杨刚、张秀平、池振明、刘国山、田东风、董昭、丁宏、何凤彪、张晓南。

第 3 排：杨玉玺、许中元、冯水、王希常、王军、刘康、许悦、邱小虎、李光辉、林玮、宋华、唐金桥、周和芬、陈侃、胡长青。

加人：李龙振、徐中喆。

1985届1班本科生（摄于数学楼）

第1排：李金明、胡亦君、胡京兴、邵永照、马自力、刘美＊、杨士俊、于绪宝、王文阳、徐跃武、余军扬、吴仁华。

第2排：马春秋、鲍永平、陆景宣、陆建芳、戴宁、曹丽华、王雨燕、周佳、洪玲霞、付巍、孙文敏、杨淑芹、刘小川、刘艳永。

第3排：王梦东、周建议、李正兴、韦苇、李绍玲、练肇通、甘向阳、郑熙春、牟海涛、王兴平、朱长远、李冀、庄增刚、王永会、肖峰。

1985届2班本科生（摄于数学楼前）

第1排：李祥林、毕海峰、马欣、朱安交、龚道训、郑进保＊、洪吉昌＊、刘玉仙、冯启珂、张建新、蔡越虹、邓展。

第2排：钟育彬、朱海洪、郑承迅、钱海荣、刘勇、武胜利、常明、许松、金明鸥、白志慧、李晓华、焦莉、孙路弘。

第3排：王建明、张新育、杨永志、任子朝、周家华、林永伟、李汝修、傅循建、高祥宝、罗守山、王红瑞、廖河河、秦伟良、余洋、余洵。

1985 届 3 班本科生（摄于图书馆前）

第1排：李育芝、洪京爱、朱文芳、高素娟、李美生、谢宇＊、陈方权＊、凌向明、邓凯、曾应昆、高珍光、李万顺。

第2排：杨威、郑毅、施涌、宋铭、保继光、王德民、窦永平、胡明杰、刘绳茂、魏安金、赵拥社。

第3排：胡斌、尹承军、梁景伟、任荣华、王海敏、陈敏、薛宝龙、顾锋、宋世军、刘仁权、牛少彰、杨辉、梅霖、林亚臣。

加人：桂元、郭秀清、胡云娇、卢训华、吴嘎日达。

1986届1班本科生（摄于数学楼前）

第1排：殷苌茗、冯速*、韦苇、饶维亚、张庆富、许卫民、汪宁涛、胡焱、王瑞雪、赵学雷、李绍明、习清、赵华杰、马万青、黄仁锐。

第2排：姜秀燕、刘慧芳、杨华蔚、王顺英、杨萍、余剑、许燕、赖兰、唐晓翠、凌福珍、黄晓兰、史悦、方龙雄、罗振朋。

第3排：张金河、于琛、王兵、王宏武、张斌、李星、陈为政、郑海鸥、杨兵、黄兴民、欧新良、常青、王志京、文胜友、郭树茂。

加人：刘进荣。

1986 届 2 班本科生（摄于数学楼前）

第 1 排：熊品寿、韩立刚、张鹤、杨华龙、娄岩、刘沪＊、胡玉舟、顾强、尹克新、张强、柴惠文。

第 2 排：高颖、张领海、张岩、甄苓、吕凤萍、马波、史燕洁、周燕莲、张慧欣、邓文虹、陈静、吴灵敏、丛金明、庞晶。

第 3 排：郑文艺、乐小英、耿勇、刘晓潮、蔡健、郭兴明、朱砾、陈毅文、李国锋、谭春生、裴发才、李祥林、常保平、覃社庭、苏时光、沈浩。

1986届3班本科生（摄于数学楼前）

第1排：张和平、王力、邹林全、张学军、高虎明、薛彬、丁国义、刘沪＊、刘晋平、刁联望、王维寿、慕运动、巢建江、章壮洪。

第2排：赵修忠、王安勤、林健、包泉鳌、汤国明、马新明、王茂春、王秀生、任军、张宗平、侯文宇、冯崇海、于福生。

第3排：张姝、和丽军、张霞、刘建慧、李岩、缪克英、陈雅丽、胡桃、郭文清、郭仁娟、刘曼兰、王宏丽、卢晓东。

加人：刘辉、王殿俊。

1987届1班本科生（摄于主楼）

第1排：方海燕、王玉英、张喜娟、王仲君、崔春燕、李春娟、魏颖、佟晓凤、佴晓鸿。

第2排：郑萼＊、陈盛双、包志清、周向东、平志鸿、王煜、王兴林、林新杨、张德学、臧国通、刘志成。

第3排：许鹤华、姜朝阳、张鉴、张春善、陈华江、游剑平、官益群、孙洪祥、王连居。

第4排：史志刚＊、熊允发、王平安、曹均华、李连福、沈生、李有荣、吴伟权。

加人：邹昌陆。

1987 届 2 班本科生（摄于主楼）

第 1 排：高静、周艳娥、王桂珍、魏光美、胡维斌、郑萼＊、史志刚＊、欧丽、邵敏芝、宋世敏、齐严。

第 2 排：赵大春、彭骁勇、罗建斌、刘彪、薛宏、汪海涛、蒋国民、陈云波。

第 3 排：李军、施泽忠、王仕良、韩立军、李石君、陈佘喜、胡煜、张宁、孙应飞。

第 4 排：李景涛、地米提、王纪东、杨军、余竞、高朝阳、张玉平、雷鸣。

加人：李宝家、沈雨红。

1987届3班本科生（摄于主楼）

第1排：魏宁、刘敏豫、田玉斌、杨妍梅、阎心丽、余欲竣、田鑫、李春香、王琼、杨明燕、邢惠清。

第2排：郑萼＊、赵季春、李乐学、谷仁乔、王志良、王群智、王守忠、王建康、王展青、朱泰英、史志刚＊。

第3排：于海波、陶应奇、马建生、邹弘兵、刘凯、徐国文、林培榕、庄铭南、贾厚亮。

第4排：崔宝珍、俞勤、曾文艺、吴中元、许松盛、左锡明、李小军、彭晓明。

加人：卢兴祥（提前毕业）。

1988届1班本科生（摄于主楼）

第1排：田东风*、陆善镇*、邝荣雨*、周美珂*、余玄冰*、刘美*、王伯英*、马遵路*、董延闿*、郝钠新*、曹才翰*、沈家骥*、刘沪*。

第2排：曾宏红、林孔容、张江长、华荣伟、张金玉、赵立新、吴雅娟、强晓莉、袁芳荣、李江晖、冯文丽、刘晓娥、吴晓蕙、文晚霞、梁志新。

第3排：罗毅、胡延国、刘洁民*、刘存舜、李晓忠、徐珂文、汤大林、陈云生、王昱、曲智林、徐向东、胥传美、廖建磊、刘永卫、齐宏伟、李群。

第4排：田宏忠、徐丰、许黎明、王金才、顾承坤、牟宏让、毛佳飞、雷鸣、孙晓明、闻岩、孙坤荣、程杰、张培强、袁家林。

加人：毛国强。

1988 届 2 班本科生（摄于主楼）

第1排：陆善镇＊、邝荣雨＊、周美珂＊、余玄冰＊、刘美＊、王伯英＊、马遵路＊、董延闿＊、郝钠新＊、曹才翰＊、沈嘉骥＊、刘沪＊。

第2排：匡奎远、冯雷、刘向东、王筱丽、庞丽华、王锦新、施泓、杨洪、张丽娅、赵建宏、史凤丽、骆惠珠、张晓霞、李凌。

第3排：张青民、李德清、刘贤华、彭红生、王华随、顾勇为、何立恒、石峰、邵起宏、金涛、许立明、向勇、唐世连、胡茂林、张雅平。

第4排：田东风＊、倪清芝、王建、孙家涛、朱东弼、王勇、解克勤、王修明、蔡博、陈松波、史交齐、黄学毛、吴幸福、赵集贤、杨建国。

加人：吴霓。

1988 届 3 班本科生（摄于主楼）

第 1 排：刘永平 *、陆善镇 *、邝荣雨 *、周美珂 *、余玄冰 *、刘美 *、王伯英 *、马遵路 *、董延闿 *、郝钖新 *、曹才翰 *、沈嘉骥 *。

第 2 排：龚光瑛、高玉莉、斯里满江、黄加流、张灯林、魏韧、姜明华、周卜华、张云清、赵建国、毛阔龙、赵一平、沈卫忠。

第 3 排：燕敦验、杨庆生、陈爱美、郑钢锋、张明山、周帮建、段秉坤、丁洁琳、王士模、刘春明、张贵才、滕于忠。

第 4 排：张超、杨文举、张小超、潘荫成、游保华、卢向东、吴家强、周腊意、田东风 *、刘沪 *。

1989届1班本科生（摄于教七楼）

第1排：黄烈燕、樊青、郭俊芳、刘佩青、谢宇＊、鲍静怡、程林凤、刘慧、杨锦云、赵清华。

第2排：谢萍、余香阁、周正康、徐志斌、张斌、龚卫东、何志文、陈鸿、唐革联、刘晓镜。

第3排：马志堂、解建成、张新元、李新雄、朱俊峰、李江涛、克玛勒别克、沈新权、王建东、杨治辉。

第4排：王昭顺、张志祥、李国庆、杨文平、唐振鹏、崔显峰、曹文彬、王光生、刘武军。

加人：罗菊花、黄晓军。

1989 届 2 班本科生 (摄于教七楼)

第 1 排：刘继红、杨宝慧、赵敏、谢宇 *、刘洁民 *、王嘉蓓、米玉珍、闵红梅、李赛雪。

第 2 排：唐斌兵、张宇甜、郭小群、岳昌庆、周正清、韩斌、吕良权、胡金球、郭文英、王红革、曹付生。

第 3 排：贺志军、曹良红、张仁成、王岩松、薛金友、龚利森、杨永新、陈拥军。

第 4 排：贾鹂、杨雷、师五喜、吉祖鹏、周峰、朱正清、胡金平、吕福祥、彭本新。

加人：秦国强、郑远斌。

1989 届 3 班本科生（摄于教七楼）

第 1 排：吴华、杨涛、陈彦、田建文、于红梅、刘先仿、王中华、周贤玉、王延义、邱武。

第 2 排：闵学勤、崔帆、丁捷、谢宇 *、张巧显、宋明辉、胡雁文、侯军宏、闻岩、张伯男。

第 3 排：康志勇、王建忠、邱修良、刘洁民 *、柯少华、韩海鹰、马骏、沈祖建、丁仁友、杨清明。

第 4 排：姚秀山、庄锁法、张惠品、刘旭、谭武昌、郑丽勇、王小平。

第 5 排：向东长。

加人：黄新、王长友。

1989 届 4 班本科生（摄于电子楼前假山）

第 1 排：彭重嘉、程渝、王健、陈志彬。

第 2 排：李文、冯安邦。

第 3 排（1 位老师和 9 位女学生）：陶文莉、王素莲、冯芹、宋春梅、池春素、谢宇 *、樊东华、张岩、张铁英、谷红。

第 4 排：杨浩、杨晓林、张弩、吴永俊、胡国专、范绍华、刘洁民 *、杨远华（穿白色上衣）。

第 5 排：何仁和、刘章明、梁军、张志锋、覃永昼（穿蓝色上衣）、曹正进（从此人往下斜排）、孙祥雨、刘玉铭、张建林、张志煌（上衣写：北京师范大学）。

第 6 排：金钟植、顾守源、彭向东、段益城、吴小平、吴文辉。

第 7 排：顾世山。

缺席：桂易清（见 1992 届研究生合影）。

1990届1班本科生（摄于图书馆前）

第1排：浦明、刘歆、张敏枝、许艳芳、杨爽、刘桂兰、王红、韩立刚＊、刘晓燕、孟虹、张蔚、张洪娟、罗进、刘志春。

第2排：张耀庭、骆洪文、李满天、王勇、娄新义、胥耀武、栗演兵、李润泽、吕静涛、王秀东、张朝晖、施小丁、谢巍、周文、任晓明。

第3排：陈岩、杨华勇、方超飞、黄仁海、王江云、姚晓东、马景云、蒋胜伟、侯普亭、王忠俊、申贵成、王明敬、吕金鉴、孙峰、纪立新。

1990届2班本科生（摄于图书馆前）

第1排：罗益群、张艳红、赵君莉、鲍晓梅、刘志平、张红、韩立刚＊、苏梅兰、胡咏梅、高艳芬、李新、莫莉辉、杜朝丽。

第2排：查东辉、孟祥泽、朱效东、张传军、刘文元、陈隽、董爱民、魏和文、黄伟、丁晓、蒙达伟。

第3排：杨军、徐新远、刘小忠、郭玉竹、刘视湘、杨文凯、祝卫城、彭旭辉、李凡、蔡文雨、何向东。

加人：王玲、王玉民、沈容戈、索卫东、杨鸿远。

1991届1班本科生（摄于图书馆前）

第1排：王翠霞、刘艳、李红举、郑萼*、史志刚*、仝叶梅、张青。

第2排：马颖、李欣竹、左晓丽、施永红、雷文虹、于隽、许华、邵全、张颖、张欣之、杨文新、张军、刘文君。

第3排：张德文、范春园、关权、蒋继斌、张仲祥、刘新、滕勇、姚星桃、陈彪、朱海元、陈红亮。

第4排：王庆利、冉圣宏、余亚东、黄海波、赵青虎、刘喜元、黄海涛、李培松、刘干、湛志海、潘晓松、何彦国、李翠高。

1991届2班本科生（摄于图书馆前）

第1排：庄前红、张宪娟、王惊雄、郑萼*、史志刚*、张美先、曾学文、卢小群。

第2排：郭贞、郭文莲、吴玉花、马梅兰、张小红、张弢、吕炜、李海侠、钟静林、崔新梅、周春琴、唐志宇。

第3排：彭秋良、华九召、魏振河、高蓬、阎志武、罗青林、吴聪、汪洪奕、白剑、张贺佳、王申旺。

第4排：周新文、黎彬、尤树德、葛同国、侯立东、林军、朱兵、刘宏兵、韩心慧、徐自乾、曹世明、王贵林。

加人：林鹏。

1991届3班本科生（摄于数学楼前）

第1排：李为东、司彤、黄曙光、张福振＊、马晓晨、赵悦、汪利民。

第2排：孙辉、张小剑、赵菁、陈秋华、何耀光、宋今、李智芸、石梅、孙翠侠、陆阳。

第3排：付爱明、顾志刚、杨敏、高琨、邹卫明、张宝剑、刘皓、陆高峰、张雄、刘颖、王晓东、王继勇、刘东海、白海龙、肖辉、张仲谦、蔡俊武、于平海、陈玉林、万里鹏、张程、吴江、莫家周、李向东。

加人：魏威。

1992届1班本科生（摄于图书馆前）

第1排：李翠平、赵淑珍、杨柏竹、严瑶、荣艺华、史志刚 *、邝荣雨 *、保继光 *、徐爱华、蓝志凌、赵智、葛晓红、姚晓全。

第2排：欧勇强、霍洪亮、毛小磊、赵青海、陈文艺、王红兵、朱海涛、彭涛、邱岚、曹妍、韩米娜、徐丽萍、邓亚娟、刘孝云、刘桂花。

第3排：史远军、孙庭军、唐宏华、杨明飞、严向奎、陈云波、晏晓林、陈垂兴、周万根、鲁开红、吕学强、何彦国、刘向军、刘皓。

加人：卜玉斌、张耀杰。

1992届2班本科生（摄于图书馆前）

第1排：徐碧元、吴华山、李育安、保继光＊、史志刚＊、邝荣雨＊、陈雄＊、刘秀芳＊、朱宇清、唐运忠、徐俊峰。

第2排：徐美萍、王晟、陈璐、王宁、鲁文敏、章柏红、郑苏晋、钱琳、夏义川、李丽、蔡秀梅、胡海潮。

第3排：赵建兵、陈清卓、马云峰、雷玉强、范星福、张树军、周世杰、郭杰群、孙地诗、马洪炎、袁晓斌、李兴春、刘荣胜。

加人：孙永忠、徐荣祥。

1992 届 3 班本科生（摄于图书馆前）

第 1 排：梁竹苑、肖范仪、王薇、赵欣、史志刚 *、邝荣雨 *、保继光 *、杨靖、阎纳新、冯睿。

第 2 排：刘雁、项慧芳、陈东升、徐依军、冷晓东、项小聪、苑小军、徐晶、孙斌、张晓昆、陈昕、李玉萍、金琪。

第 3 排：李峻峰、葛善友、唐铁兵、张鹏高、石兴中、刘力军、陈军、郭颂、杨欢、孙继祥、隋治波、杨秋元。

加人：潘德勇、梁银、徐旭宇。

1993 届 1 班本科生（摄于图书馆前）

第1排：向建山、埃米勒、刘军、周红文、贾利新、王怿东、代艳东、牛庆银、蒋人璧＊、刘有良、金青松、孙晓冰、何学民、侯德、奥尔兰多。

第2排：李晓春、曾国光、宋春雷、郑天贵、唐福明、宋军、杨铁军、蒋洁、许静、舒君、刘蓉晖、陈际芬、赵淑珍、梁芳、张瑞玲、杨硕、谢丽春。

1993 届 2 班本科生（摄于图书馆前）

第 1 排：丁玉敏、周菁菁、黄涛、尉建琴、王祖燕、常程、姚胜、计德桂、蒋人璧 *、王军、埃米勒、吴军刚、胡七林、杨树利。

第 2 排：张毅莲、徐云峰、孙朝晖、刘凤、王玲玲、刘志芳、张淑琴、陈逥、尹海东、刘立恒、陆丁、夏新桥、高家富、吴洪浪、贺卫平。

1993届3班本科生（摄于图书馆前）

第1排：卢军、陈宏伟、肖珂、钟力、随传法、杨龙、蒋人璧＊、邝荣雨＊、周悦昇＊、邱峰＊、徐刚、徐桂永、涂拥军、蒋球伟、刘超。

第2排：梁家宁、朱红飚、朱耀春、吴宪远、吴慈民、陈杰、沈小梅、李燕、汪岱、吴旭红、叶文春、张燕清、黄珲、韩晓玉、喻梅、张梅、于伟东、王颖喆、赵玉霞、陈福珍。

加人：刘晓松。

1993 届 4 班本科生（摄于图书馆前）

第 1 排：宋慧屏、赵雄、黄胜华、陈伟、贺军、刘春贵、周悦昇 *、丁喆、袁家政、约瑟夫、梁奂、杨冰。

第 2 排：沈辉、安洁、韦参梅、董玮、金育新、金竹、王琦、巴蒂斯特、徐娅、郑敏、王悦、徐芙蓉、顾江萍、王素芳、何方、王晓珊。

加人：王海铭。

1994 届 1 班本科生（摄于图书馆前）

第 1 排：李颖、王凤、邢凤彩、张丹、于福生＊、傅若男＊、郑萼＊、曾文艺＊、王丽萍、姜燕楠、陈伟青（3 班）。

第 2 排：刘春艳、沈群英、黄雪涛、章里程、王成强、商广东、杨肇辉、伍铃、王启军、刘怡、赵丽萍、孙晓。

第 3 排：尚久庆、刘兵、张运涛、李节阳、丁志强、何志海、陈雪志、周祖胜、詹崇赞、李梁、刘吉强、赵北伟、陈平。

加人：韩梅、杨晓刚。

北京师范大学数学科学学院师生影集

1994 届 2 班本科生（摄于图书馆前）

第 1 排：郭强华、刘海、李海东、胡永建、奚成刚、曾文艺 *、傅若男 *、郑萼 *、于福生 *、刘勇、王捷、赵志强、杜建文、王国文。

第 2 排：王春红、李瑾、肖勇勤、燕莉、李广丽、王晓雁、周瑾、张为红、吕希、于杰、杜海燕、何志霞、杜红春、刘路漫。

第 3 排：罗周鸿、龙明辉、相登龙、杨志龙、谢东风、张铁成、刘元辉、桑海林、谢联恒、吴晨、贺险峰、张润东、宋涛、刘凯、陈加军。

1994届3班本科生（摄于图书馆前）

第1排：张丽、刘新立、梁凇、王星、史志刚＊、曾文艺＊、傅若男＊、严士健＊、于福生＊、郑萼＊、余秋梅、林志红、杨国英、陈伟青。

第2排：李艳平、贺炜、李振亚、刘建华、伍燕然、李滨、邹昉、杨晓涛、邢武晋、曹利国、刘金元、黄东、张彩莉、钟敏。

第3排：胡宏、赖辉旻、甘湘华、陈巍、唐植平、袁润洲、张祖成、雷凯、陈炳树、邓广、龚文敏、李文樟、邓东海、高加伟、林芳建。

北京师范大学数学科学学院师生影集

1995 届 1 班本科生（摄于图书馆前）

第 1 排：葛莉、郭秦、史稳山、王敬赓 *、郑萼 *、谢宇 *、朱惊涛、刘教才、粟益民、苏小刚、石先军、赵阿丽、曾宪文。

第 2 排：苏志锋、苟素、段丽萍、郭建敏、张彦梅、张改莲、杨琼、刘红、赵昕、徐艳、樊鹿、郭莉荣、张晓洲、梁文生、朱立男。

第 3 排：邱晗、常福军、安文华、于大哲、张昱、武志成、黄成、冯刚、朱丛高、金阳、唐强、宋宇、栗士朋、王刚。

加人：韦保红。

1995 届 2 班本科生（摄于图书馆前）

第1排：赖辉旻、肖瑜、刘学利、赵淑宇、李芳、王冬琳、刘秀芳 *、李晓春、谢宇 *、谭鲜明、郑萼 *。

第2排：吴鹏、许云尧、刘七生、谌小为、张立伟、熊劲、刘海东、罗兵、谢振武、康健辉。

第3排：董玉才、徐国民、彭程、罗小华、葛永超、王祥、白秋富、李长国。

1995届3班本科生（摄于图书馆前）

第1排：许珂、魏小梅、张春、彭玲、李雪谨、陈洁、谢宇 *、郑萼 *、王炳艳、桂秋云、叶蕴蓉、王进。

第2排：汤志刚、杨倩、向杰、吴其闻、李程、冉瑞权、肖飞、许罕、毛峒、王刚、张颖昆、曾纯青。

1996届1班本科生（摄于图书馆前）

第1排：屈玲玲、潘红、高朋香、刘芙蓉、蒋人璧＊、常广平、王丽敏、丁明怡、吕红、许绮菲、张宁宁、燕轶、马海华、冯丽、陈雅娟。

第2排：丁瑾、钱怡、李沛、崔汝义、李春富、师斌、李沔岸、丁国忠、王晨、刘曙昌、杨宇峰、代建萍、史宝娟、任雁。

第3排：高雪松、张韬、蒙江凌、敖志广、吴谋福、胥斌、王水勇、王旭刚、蔡圣义、陈自文、赵中华、匡友辉、李桂春、雷晓莉。

第4排：邓清、王加银、廖东升、卢皓、宋红军、丁仕杰、王高崇、周跃群、杨文喜、韦吉珠、熊丹丹。

1996届2班本科生（摄于图书馆前）

第1排：李小白、张璐、莫如萍、蒋人璧*、李勇*、刘秀芳*、商广娟、李战鹰、易蓉、王晶、吴晓华。

第2排：宋迎、陈晓晖、郝瑞萍、王晨、李桂香、潘敏、方燕、陆莎、黄蕊、陈薇、程隽。

第3排：李杰、周建锋、何世龙、王春辉、邢昭良、王宏栋、刘立士、范小明、黄涛。

1996届3班本科生（摄于图书馆前）

第1排：李江涛、覃晓、郝莉、范绍华＊、罗运纶＊、孙魁明＊、蒋人璧＊、周丽红、陈红、庞尔丽。

第2排：韦懿霖、钟昱晖、庞凤焱、郭淼霞、何小花、柳洁、王欣、邱华伟、陈智。

第3排：汪泰松、肖国彬、董凌云、马骋、李云峰、刘景明、刘保华、唐永波、刘忠厚。

加人：张伟。

1997 届 1 班本科生（摄于图书馆前）

第 1 排：刘洁民＊、朱汝金＊、余玄冰＊、谢宇＊、杨存斌＊、史志刚＊、刘来福＊、刘继志＊、邓邦明＊、罗运纶＊、陈方权＊、柯小伍＊、李仲来＊。

第 2 排：于福生＊、李晋渊、马波＊、郝辉、陈蕾、刘扬、王宏、邹斌、刘静、何思梅、刘蓓、王海霞、黄凤圣、刘建玉。

第 3 排：谢卫、于海飞、吴丛明、谢临震、刘海鹏、鲁智虎、董将虎、铁军、张祖宏、冶建华、左卫兵、王启广、徐涛、李腾勇。

第 4 排：陈子忠、孙秀平、罗冬长、李双平、陈孟伟、余节弘、李红、刘华斌、苏永潮、黄小为、李道军、蔡圣义、夏其刚、岳昌庆＊、陈龙清。

加人：蒙江凌、阮至诚。

1997届2班本科生（摄于图书馆前）

第1排：王凤雨＊、李勇＊、余玄冰＊、朱汝金＊、史志刚＊、刘来福＊、刘继志＊、邓邦明＊、柯小伍＊、陈方权＊、保继光＊、何青＊。

第2排：阎大贵、张锁良、柳叶威、姚华鹏、冯黎明、孙德柱、贾力伟、张勘、陈杨、廖鹤鸣、周鹏、程金能、岳昌庆＊。

第3排：吕绍川、王利萍、罗瑛、吴雪菲、李天虹、吴富华、张丽、丁燕、彭红、牛冬慧、邹波、王家文、黄立坡、胡军、刘波。

加人：王云海。

1997 届 3 班本科生（摄于图书馆前）

第 1 排：罗运纶 *、谢宇 *、余玄冰 *、朱汝金 *、史志刚 *、刘来福 *、刘继志 *、王伯英 *、陈方权 *、保继光 *、邓邦明 *。

第 2 排：尹乾、周宏立、杜海霞、朱江、陈瑜、夏嵩雪、郜晰、杨靖 *、何青 *、柯小伍 *、程莹、杨海燕、李平、涂学民、高云。

第 3 排：瞿晋萍、陈镔、朱宇、谢小清、季素果、胡昕、孙晖、张川、孙苇、宋顺达、李仲来 *、吴江、孙魁明 *、岳昌庆 *。

加人：杜晋光。

1998届1班本科生（摄于图书馆前）

第1排：于福生＊、崔恒建＊、史志刚＊、杨存斌＊、蒋人璧＊、郇中丹＊、余玄冰＊、李洪兴＊、罗运纶＊、刘来福＊、郑学安＊、刘继志＊、蒋滋梅＊、王敬赓＊。

第2排：徐树富、陈翠霞、覃浩姣、杨晓丽、胡芳、黄静、陈晓娣、何惠红、胡宁燕、王春华、林宇力、李亚玲、唐黎沙、陈慧超、万元春、黄彩英。

第3排：张清、赵永恒、王帅、王建伟、夏勇、付占军、丁安华、欧湘亿、毕福明、曾庆业、刘冬、林新华、陈军杰。

第4排：张德新、雷庆军、孔双雄、张强、陆涛栋、苏强、余节弘、肖勇钢、朱兴国、刘进、周长春。

1998届2班本科生（摄于图书馆前）

第1排：于福生＊、崔恒建＊、杨存斌＊、陈平尚＊、李洪兴＊、刘来福＊、郑学安＊、刘继志＊、张益敏＊、张淑梅＊、管林＊、张余辉＊、史志刚＊。

第2排：汪胜、章洪超、刘琳、何维、董朝霞、杨晓霞、徐杰、郑茂霞、吴京蕾、李蕊、林妍艳、范英丽、黄静（1班）、黎淑兰、高文逊、马小土。

第3排：王建波、张春杰、何洋波、阎大贵、陈飞鸣、桂隽超、王建、李虹、姜海涛、薛成立、李长敏、耿旭龙、张天文、姚亮、何立荣、黄克强。

1998届3班本科生(摄于图书馆前)

第1排：崔恒建*、杨存斌*、陈平尚*、李洪兴*、刘来福*、郑学安*、刘继志*、罗运纶*、史志刚*、管林*、张益敏*。

第2排：刘悦、莫亚梅、刘石霞、张春霞、胡小红、付新丽、程晓琳、王洋、余云莉、何未、张雪迎、李巧玲。

第3排：应明波、叶思泽、柯华斌、金国军、高友峰、王健、马坚、陆志坚、姜庆新、李宇航、金清明、姚利、季清政。

加人：孟刚、陶京来、周清壤。

1999届1班本科生（摄于图书馆前）

第1排：黄雪莹、李英姿、殷月霞、桂庆华、刘媛、吴小勇＊、史志刚＊、刘会英、路瀛、石志敏、吴迪、苏效乐、杨军强。

第2排：旷冬云、高晴、李慧兰、叶蓁蓁、邱小瑾、裴萍、刘兴华、陶桂平、陈磊、钱慧渔、邵梅、李健、宁伟、李强。

第3排：王江波、王雨生、洪来道、段锦矿、姚国梁、江加乾、卞继承、张绍武、叶永亮、刘磊、张炜卓、黄长春、冯文科、徐渤海、芦金武。

1999届2班本科生（摄于图书馆前）

第1排：孔令龙、王春芳、曹东方、陶红英、阎洪波、吴小勇＊、史志刚＊、袁金香、李亚平、白英、张豫、梁青。

第2排：傅宗飞、李斌、王小明、梁为龙、罗康文、李海军、曾清国、金巧根、张奇支、金蛟、赵实、鲁冠华、金春林、季建兵、汤向明、张雷、刘清。

加人：吴玲玲、张磐。

1999 届 3 班本科生（摄于图书馆前）

第 1 排：李伟、崔佳佳、姚方、杨丽颖、孙士平、吴小勇＊、史志刚＊、钟婷、张翼、俞江。

第 2 排：赵实（2 班）、范志强、周笑健、张春侠、刘晓萍、段蕾、傅冬梅、黄晓华、邢悦、姚宁、李春霞、黄晓轩。

第 3 排：韦荣凡、胡晓雁、祖志辉、杨宏会、梁鹏、陈昕烨、吴云峰、黄驰云、杨昂、张鼎权、杨涛。

加人：傅慧。

1987届1班专科生（1984级青海班，摄于主楼）

第1排：索生宇、雷富花、康瑞静、保吉菊、宋春英、徐秀珍＊、罗青芳、刘林青、牛海桃、王英兰。

第2排：郝贵阳、张以香、史建文、魏新海、王朋飞、裴俊安、孙林虎、李永庆、程全德、赵月秀、张香兰、马桂英。

第3排：米琛华、谢纶邦、李明廷、陶柏、范和山、江海军、刘成旭、王正福、李进元、余良。

第4排：刘占仓、赵广良、李福成、李晓军、李国强、吴海庆、王大伟、何伟、李生光。

1987届2班专科生（1984级青海班，摄于主楼）

第1排：张美利、曹秋兰、张敏、苏秀雯＊、徐秀珍＊、傅若男＊、贾绍勤＊、管甲仁＊、李海华、吴英。

第2排：王永春、魏秀花、刘坤琴、刘世花、裴淑兰、李晓梅、傅青慧、赵思源、周翠微、李雪茹、耿玉莲。

第3排：郗广利、范斌宁、申威昌、郭增伟、孟令江、王海峰、李春邦、侯浩才、李积德、文平、赵全德、李永寿。

第4排：湛江波、李启武、王林超、杨元昆、王惠珍、王纪和、郭士平、陈建学、朱孔武、窦新贵、朵庆、李文龙。

1987 届 3 班专科生（1984 级青海班，摄于主楼）

第 1 排：赵凤兰、冯晓燕、张海英、徐秀珍 *、傅若男 *、贾绍勤 *、管甲仁 *、李清平、梁艳忠。

第 2 排：王兰云、孙振果、郝守化、徐亚青、殷文菊、胡建华、李齐芬、李洁、齐青霞、孙青芬、朱蓉。

第 3 排：王国顺、李永春、祝显宏、张国福、任慧章、蔡有彦、郭海青、徐玉宝、贾顺来、张陆海、张秀海、韩庆允。

第 4 排：韦伟、刘士勇、李生伟、陈嘉龙、李得怀、李启盛、俞发俊、李福、张洪明、祁宝林、牛广林。

加人：祝远平。

1995 届 4 班专科生（与本科生 1~3 班连续排列，1993 级温州班，摄于图书馆前）

第 1 排：赵曙、曾文艺 *、刘洁民 *、苏秀雯 *、王申怀 *、刘来福 *、王隽骧 *、罗承忠 *、王敬赓 *、郑蕚 *、麻洪灯。

第 2 排：曾招弟、陈月松、郑海晓、林少平、郭学男、徐智芬、胡晓霞、林海鸥、何洁、周敏葵、张小丹、郑俊儿、廖丽英、于萍、张秀萍。

第 3 排：董希妙、李圣浪、徐象达、黄一品、林德营、冯安敏、徐贤凯、朱文书、黄海鹤、吴晓伟、张乾文、周源云、戴圣国、章万智、潘进星、孔万森。

第 4 排：黄靖、陈洪攀、张圣锋、郑克、陈海生、周军军、傅化赛、朱汝清、张积净、姜方才、余节弘、陈全权、董将虎、李泉、王光秋、阎照诚、麻胜勇、杨明辉。

加人：王长斌。

1995 届 5 班专科生（与本科生 1~3 班连续排列，1993 级威海班，摄于图书馆前）

第 1 排：杨秀嫱、孙美娜、王红霞、滕华毅、苗晓倩、王开、迟美霞、阎丽平、丁淑平、田永霞、马丽辉。

第 2 排：桂新光、徐东静、胡艳霞、蔡华伟、王小玉、马波＊、周悦昇＊、丛竹、王俊玲、于静、张彩霞、于欣芳。

第 3 排：于志强、于鑫、王金威、董光明、隋明泽、钟春生、姜军政、孙永乐、张红梅、于新芝、王文影、姜夕红、梁兴兰。

1981 届硕士生（1978 级三年制）

第1排：刘绍学 *、孙永生 *、张禾瑞 *、王世强 *、严士健 *。

第2排：陈木法、罗里波、罗承忠 *、李英民 *、张英伯、罗俊波。

第3排：唐守正、王成德、郑小谷、孙晓岚、王昆扬、程汉生、沈复兴。

1981 届硕士生（1979 级两年制）

第 1 排：黄海洋、张禾瑞＊、赵桢＊、赵达夫。

第 2 排：陈永义、楚泽甫、宋惠元。

第 3 排：李正吾、林益、陈维曾、李好好。

加人：前排：许以敬、叶有培、曾文曲、赵光复。后排：陈良、黄惟明、李世取、刘文斌、罗运纶。

1981 届和 1983 届模糊数学方向硕士生（1998 年开始改称模糊数学与人工智能方向）

前排：汪培庄*、罗承忠*、刘来福*。

后排：张长青（1983 届）、邹开其（1981 届）、王晓波（1983 届）、陈图云（1981 届）、陈永义（1981 届）。

（启功题）

陈志胜　　　　陈志云　　　　李旺来　　　　刘洁民　　　　刘力实

倪劲松　　　　欧阳合　　　　饶　矩　　　　唐爱萍　　　　王力群

翁心龙　　　　杨新建　　　　岳其静　　　　周以匀　　　　朱　进

1984届硕士生（入学照）

房艮孙　　　傅　湘　　　黄力平　　　蒋　迅　　　蒋忠宏

梁学军　　　娄树宪　　　彭　闯　　　唐旭辉　　　田　园

肖　杰　　　杨建利　　　郑君礼

1985届硕士生（入学照）

陈克伟　　　崔恒建　　　李应臣　　　李忠善　　　刘毅勇　　　刘雨晴

鲁仕荣　　　罗建刚　　　孙国文　　　吴明友　　　徐建明　　　余　彬

张大志　　　张帼奋　　　张连文　　　张星虎　　　朱兴龙

1986届硕士生（入学照）

1987届硕士生 (摄于圆明园门前)

第1排：张福振、李英、陈雄、袁强、徐长胜、易小丁、苏鸿斌、韩立岩。

第2排：张淑梅、张虹、王凝、邱镜亮、黄其申、田卫东、周先银、蔡金法、彭先图。

第3排：张秀平、雷天刚、姚鲁豫、郭玉柱。

加人：冯水、何青、何新程、刘永平、唐松生、王弘、王燕华、王艳明、吴俊、许若宁、张万民、张严。

1988 届硕士生 (摄于主楼)

第 1 排：余俊＊、邝荣雨＊、周美珂＊、杨文礼＊、王隽骧＊、赵桢＊、严士健＊、徐承彝＊、刘秀芳＊、郑小谷＊、贾绍勤＊。

第 2 排：李少林、周华、袁成桂、刘海军、蒋文江、黄荣怀、林亚臣、秦伟良、蔡越虹、戴文、高富荣。

第 3 排：徐耀武、左鸣、蔡政艳、陈冬青、杨震、朱海红、张新生、席福宝、徐先进、郑晓阳。

第 4 排：陈松蹊、王文阳、李勇、王兴平、薛昌荃、乔彦友、王佐仁、陈金文、郑君礼＊。

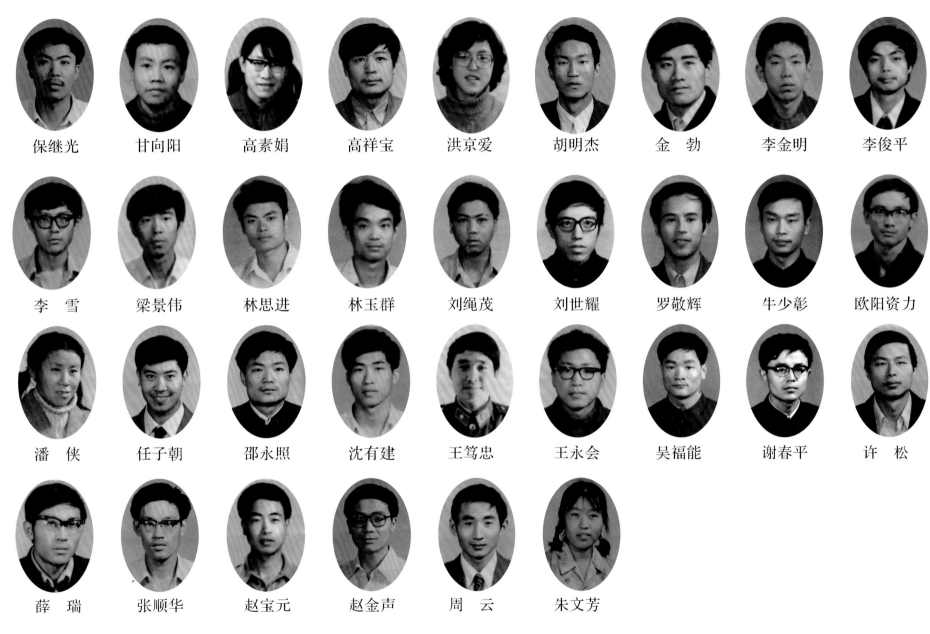

保继光	甘向阳	高素娟	高祥宝	洪京爱	胡明杰	金　勃	李金明	李俊平
李　雪	梁景伟	林思进	林玉群	刘绳茂	刘世耀	罗敬辉	牛少彰	欧阳资力
潘　侠	任子朝	邵永照	沈有建	王笃忠	王永会	吴福能	谢春平	许　松
薛　瑞	张顺华	赵宝元	赵金声	周　云	朱文芳			

1988 届硕士生 (入学照)

陈毅文　　　戴龙祥　　　邓小琴　　　丁国义　　　甘　泉　　　官国强

蓝森华　　　李文泉　　　刘建慧　　　缪克英　　　邱　峰　　　王子亭

文胜友　　　许树湛　　　杨日欣　　　于福生

1989 届硕士生（入学照）

1990 届硕士生 (摄于图书馆前)

第1排：董昭、王凤雨、王捍贫、平志鸿、米洪海、曾文艺、杨明洋、姚新钦、周梦、尹承军、张晓军。

第2排：杨妍梅、田玉斌、刘敏豫、王连居、杨正宏、臧国通、张钟山、孙洪祥、王建康、李增沪、耿成山、张海文、田启家、王军。

加人：陈友华、崔立双、田东风、张玉平。

1991 届硕士生 (摄于图书馆前)

第1排：章建跃、王学进、童新元、李晓忠、袁学海、燕敦验、王顶国、陶双平、范年柏、梁作深、王金才、杨士林。

第2排：周宗林、向勇、颜其鹏、李业平、马波、王筱丽、张建新、张江长、杨宏奇、卢胜华、张建、赵集贤。

加人：崔俭春、李小申、王兵、王永亮、杨齐、张建华、张原、郑忠荣、钟育彬、周帮建。

1992 届硕士生 (摄于图书馆前)

第 1 排：张惠品、綦春霞、刘晓明、杨宝慧、张慧欣、刘继红、魏光美、熊文井。

第 2 排：欧庆铃、龚明鹏、邵光华、王建忠、阎若彤、桂易清、高向斌、张守波。

第 3 排：戚发全、韩德、彭骁勇、张志祥、赵斌、顾世山、徐凤生、周尚民。

加人：前排：张汉清、张志峰、赵生富。后排：陈明智、范韶华、刘春根、王善洲、徐勇。

1993届硕士生 (摄于图书馆前)

第1排：张余辉、王昭顺、别荣芳、贾迅艳、李淑锦、胡晓敏、王晓红、宋契、王秀莲、胡咏梅。

第2排：张绍义、栗演兵、陈国龙、王保华、余玄冰＊、李乃凤＊、陆善镇＊、王世强＊、朱汝金＊、周美珂＊、雷信生、庄铭南、张崇波、吴幸福。

第3排：张朝晖、高宏伟、申贵成、宋光艾、邓崇云、伍火熊、张璞、田宏忠、张忠平、吕静涛、王文、伊丽江、汪和平、李德生。

加人：前排：施小丁、王保明、肖春来。后排：何立恒、卢增云。

1994 届硕士生 (摄于图书馆前)

第1排：赵丽琴、玉丽、唐志宇、唐加山、李勇＊、刘继志＊、王隽骧＊、朱汝金＊、杨成亮、曹志刚、赵林、孙伟。

第2排：邹丰美、龙毅、王建军、韩心慧、阎志武、朱海元、杨敏、李朝阳、蓝师义、刘守生、袁修久、张健松、林志超、匡伟良、王信松。

加人：前排：孙宏伟、童雪、王国胜、吴江、郑神州。后排：龚彬、华九召、李杰权。

1995 届硕士生（摄于图书馆前）

第 1 排：袁晓斌、谭爱萍、夏义川、薛红霞、周非、徐美萍、李翠萍、吕建生、欧勇强、李荣财。

第 2 排：刘长河、郭要红、阎国华、迪亚比（马里）、姚海雷、翟绍田、李林、栾日平、戴清平、汪元伦。

加人：刘玉铭、商士海、吴小勇、徐丽萍。

1996届硕士生 (摄于图书馆前)

第1排：吴宪远、陈学庆、谭金锋、李晓春、高鑫。

第2排：杨硕、王颖喆、金文、张义莲、李小青、孙丽芝、李雪花。

第3排：徐帆、康武、贾利新、刘延滨、孙应飞、张劲松、杨龙。

加人：贾鹂、金青松、梁长庆、向开南。

1997届硕士生 (摄于数学楼前)

第1排：张梅、王星、梁芳、余秋梅、张熠然、韩梅、李艳平、张丹、徐松。

第2排：刘吉强、胡永建、杨晓刚、史志刚*、刘继志*、刘来福*、李仲来*、袁荣*、马艳云、王静、施春雪。

第3排：王松岭、李健瑜、朱戟、张运涛、余根坚、李海东、左双奇、周祖胜、相登龙、盛世明、杨泽忠、吕心鹏。

1998届硕士生（摄于图书馆前）

第1排：陈国龙+、黄兆泳+、彭玲、杨丽、蒋艳杰+、郭玉峰、李芳、侯耀平+。

第2排：吕建生+、徐运阁、刘玉铭+、余根坚、张凌云、秦怀振、栗士朋、杨柱元+。

加人：前排：于大哲、左怀玲。后排：苗志宏。

1999 届硕士生 (摄于英东学术会堂前)

前部：程东明、肖国斌、胥斌、廖东升、范小明、王加银、吴谋福、阿不都卡得尔、韦节村。

后部：李沔岸、何世龙、蔡前凤、周秀玲、高朋香、巩丽云、熊丹丹、商广娟、苑胜桥。

加人：常广平、戴峰、罗红梅、熊惠民。

郭大昌
(1983 年 11 月)

刘石平
(1983 年 11 月)

熊胜利
(1983 年 11 月)

郭晋云
(1985 年 1 月)

周毅强
(1985 年 1 月)

杨传林
(1987 年 7 月)

杨力华
(1987 年 7 月)

李华君
(1988 年 7 月)

沈晨昊
(1988 年 7 月)

邢进生
(1988 年 7 月)

张加敏
(1988 年 7 月)

刘世耀
(1988 年 12 月)

阎建平
(1988 年 12 月)

李盛德
(1989 年 7 月)

祝东进
(1989 年 7 月)

刘九芬
(1990 年 7 月)

王爱兰
(1990 年 7 月)

鲍建生
(1991 年 7 月)

毕秋香
(1991 年 7 月)

汪荣明
(1991 年 7 月)

张希荣
(1992 年 6 月)

唐　娉
(1993 年 6 月)

张春苟
(1993 年 6 月)

数学系与外校联合培养或外校在数学系申请硕士学位（授学位时间，下同）

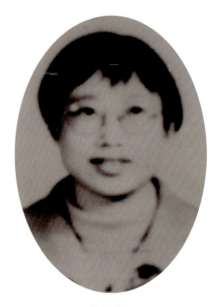

沈云付

(1988 年 1 月)

刘文奇

(1995 年 7 月)

吕朝阳

(1999 年 6 月)

肖德凯

(1999 年 6 月)

授予同等学力在职人员硕士学位

陈雪东
(1997 年 6 月)

洪　勇
(1997 年 6 月)

陈广贵
(1998 年 1 月)

康淑槐
(1998 年 1 月)

龙晶凡
(1998 年 1 月)

王　晟
(1998 年 1 月)

夏铁成
(1998 年 1 月)

宝音特古斯
(1998 年 6 月)

黄　勇
(1998 年 6 月)

李　洵
(1998 年 6 月)

钱明忠
(1998 年 6 月)

王豫鲁
(1998 年 6 月)

周惊雷
(1998 年 6 月)

周良金
(1998 年 6 月)

谭国律
(1999 年 6 月)

陶应奇
(1999 年 6 月)

第 1 届 (1995 级) 硕士学位班

钱林

(1999 年 6 月)

盛卫红

(1999 年 6 月)

孙波

(1999 年 6 月)

汤灿勤

(1999 年 6 月)

武月琴

(1999 年 6 月)

第 2 届（1997 级）硕士学位班（1999 年授学位者）

博士学位证书

陈木法系福建省惠安县人，一九四六年五月廿二日生。在我校已通过博士学位的课程考试和论文答辩，成绩合格。根据《中华人民共和国学位条例》的规定，授予 理 学 博士学位。

北京师范大学

校　　长　王于耕 代

学位评定

委员会主席　白寿彝

证书编号　83001　一九八三年十一月十七日

1983 届陈木法的博士学位证书

罗运纶　　　　　　　　　沈复兴　　　　　　　　　唐守正

王昆扬　　　　　　　　　郑小谷

1985 届博士生（入学照）

房艮孙　　　　　郭晋云　　　　　黄力平

沈恩绍　　　　　唐爱萍　　　　　肖　杰

1988 届博士生（入学照）

韩 东　　　　　刘智新　　　　　田卫东　　　　　张连文

1989 届博士生（入学照）

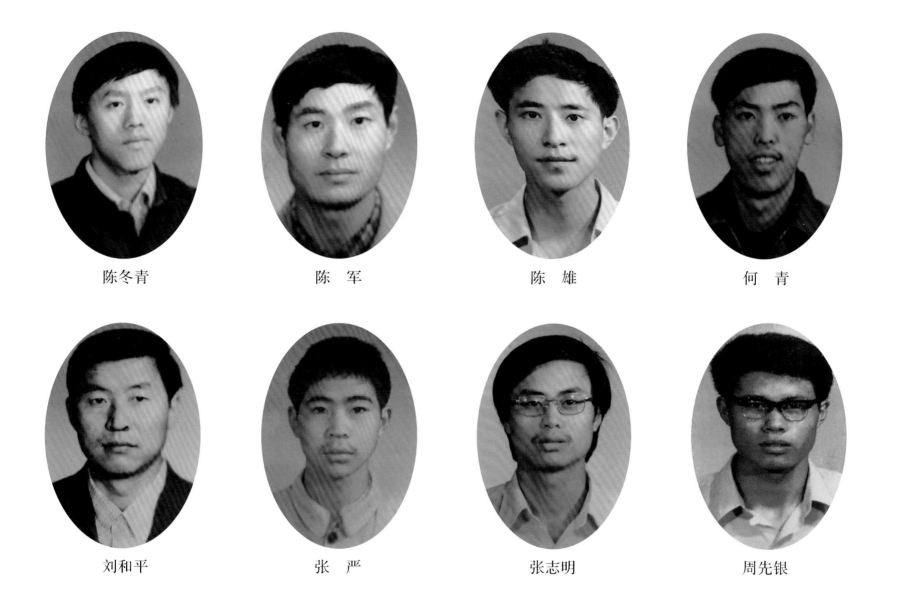

陈冬青　　　　陈　军　　　　陈　雄　　　　何　青

刘和平　　　　张　严　　　　张志明　　　　周先银

1990 届博士生（入学照）

陈金文　　　　韩立岩　　　　李　勇　　　　彭联刚

吴植翘　　　　徐先进　　　　章　璞　　　　张新生

1991 届博士生（入学照）

陈迪荣　　　　　　　　　刘增良　　　　　　　　　路　高

王志玺　　　　　　　　　杨大春

1992 届博士生（入学照）

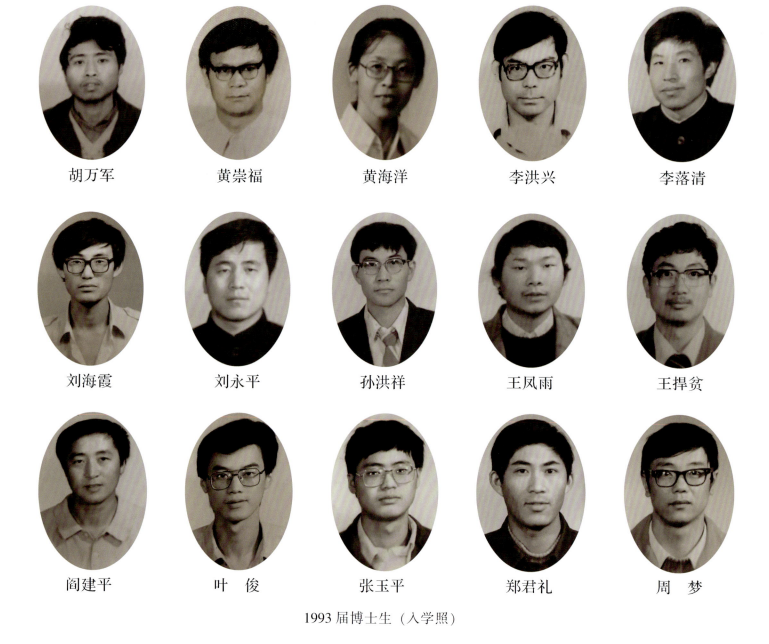

胡万军　　　黄崇福　　　黄海洋　　　李洪兴　　　李落清

刘海霞　　　刘永平　　　孙洪祥　　　王凤雨　　　王捍贫

阎建平　　　叶　俊　　　张玉平　　　郑君礼　　　周　梦

1993 届博士生（入学照）

白　明　　　　　李增沪　　　　　田启家　　　　　汪成咏

王明生　　　　　张洪敏　　　　　张　民　　　　　周宗林

1994 届博士生（入学照）

鲍玉芳　　　丁　勇　　　杜先能　　　李思泽

马柏林　　　欧庆铃　　　姚海楼

1995 届博士生（入学照）

别荣芳	谌稳固	毛永华	沈云付	唐 娉	汪和平

张春苟	张顺华	张新平	张余辉	张跃辉	祝东进

1996 届博士生（入学照）

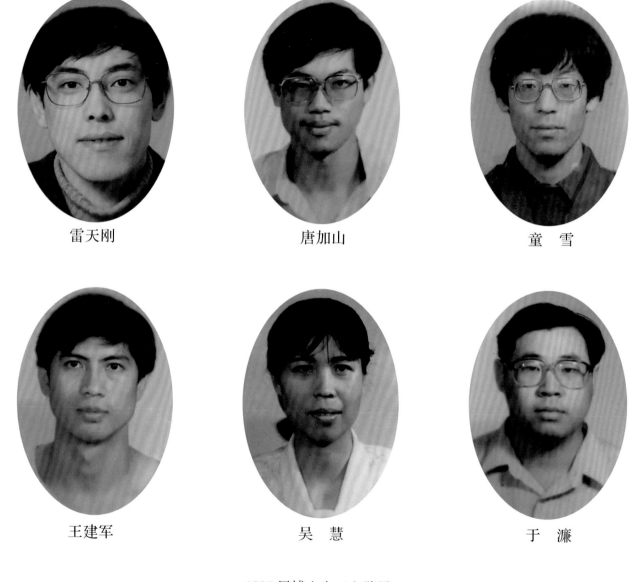

雷天刚　　　　　　　唐加山　　　　　　　童　雪

王建军　　　　　　　吴　慧　　　　　　　于　濂

1997 届博士生（入学照）

1998届博士生（摄于英东学术会堂）

蒋艳杰、杨柱元、于福生、侯耀平、吕建生、陈国龙、黄兆泳。

洪文明　　　胡永建　　　金　文　　　李国全　　　刘吉强　　　王颖喆

吴宪远　　　薛　锐　　　张希荣　　　张秀平　　　赵　斌　　　朱勇珍

1999 届博士生（入学照）

1986届 (第1届) 助教进修班 (1984年9月~1986年1月, 1985年11月1日摄于教七楼)

第1排: 陈方权*、周美珂*、罗承忠*、邝荣雨*、刘美*、赵桢*、沈复兴*、蒋滋梅*、张英伯*、张益敏*、阎瑞果*、陈向明*。

第2排: 刘和平、丁勇、郭元术、沈云付、袁学海、郝成功、张永清、李仲来、祝家贵、刘智新、伊保林、陈显强、李维鸣。

第3排: 朱江、王允俐、何淦瞳、眭毅成、刘亚平、陈迪荣、汪飞星、张敏燮、颜跃新、张晓声、刘万荣、石焕南、马柏林。

加人: 魏家林。

1987 届 (第 2 届) 助教进修班 (1986 年 9 月 ~1987 年 6 月, 1987 年 6 月 3 日摄于数学楼前)

第 1 排: 余玄冰 *、陈方权 *、余俊 *、李仲来 *、邝荣雨 *、刘美 *、吴英辅 *、周美珂 *、全宽益、李胜利。

第 2 排: 张诚一、杨云路、王靳辉、张玉俊、贾维剑、杨益党、那日苏、周梦、于全林、杨威克、李辉。

第 3 排: 管冰辛、王智秋、周悦昇、刘颖、崔凤蒲、肖丽媛、张丽君、李燕丽、周和月、陈斌。

北师大数学系91级函授助教班结业留念

1993届函授助教进修班 (1991年9月~1993年7月，摄于图书馆前)

第1排：栾兵、周琳、常莉、王洪岩、夏晓峰、王蕴、蒋滋梅*、周美珂*、朱汝金*、王申怀*、田晓龙*、杨绪海、魏焕文、郑浩森、李伟军、陈咸存、叶留青。

第2排：刘欣、曹斌、李艳梅、屈俊、邹宗兰、王淑云、唐晓文、曾朝英、周翠莲、殷丽霞、于兰芳、汪军、韩英华、石慧平、卢俊朵、斯琴高娃、沈建平、李新慧、贾锦霞、陈慧琴、闫慷、司桂荣、朱晶、刘洪。

第3排：王庆东、司清亮、梁赛良、孟祥杰、许太金、唐天国、苟清明、周恒忠、黄德成、孙国臣、刘兴臻、施金业、谭伟明、张树文、吕宗明、方全国、游剑平、朱忠平、刘仁权、张光华、包泉鳌、罗春林、王凡。

1997 届（第 1 届）硕士生课程进修班（1995 年 6 月～1997 年 2 月，1997 年 5 月 25 日摄于北京教育学院）

第 1 排：贾勇强、郑成、肖海云、赵志萍、孙长娟、李冬玲、蔡淑萍、林燕、崔鹤山、李云惠。

第 2 排：石玉海、平建设、王长沛 *、邵宝祥 *、钟善基 *、顾明远 *、倪传荣 *、朱汝金 *、钱珮玲 *、李仲来 *。

第 3 排：张春贵、荣俊利、李国安、胡志勇、封学英、童嘉森、宿守君、吴卫、李新凤、曲敏、张启华、李建东、王莉华、郑毅斌、刘艳萍、苏劲松、张纤、邢春立、王京梅。

加人：王燕春、吴崇兵。

纪念傅种孙教授 100 周年诞辰座谈会（1998 年 10 月 7 日摄于英东学术会堂会议室）

正面坐者：傅章秀、刘绍学、赵慈庚。

纪念傅种孙教授100周年诞辰座谈会代表 (1998年10月7日摄于英东学术会堂前)

第1排：郝钠新、钟善基、袁兆鼎、吴品三、王树人、赵慈庚、谢维和、刘绍学、陆善镇、严士健、傅安秀 (养女)、王寿梅 (养女婿)、傅燮阳 (儿子)、童直人、王世强、傅章秀 (女儿)。

第2排：沈复兴、王伯英、张英伯、钱珮玲、高素志、朱元虹、刘增贤、张鸿顺、杨世明、刘连璞、洪志超、刘东、沈炳荣、王家銮、孙喜才。

第3排：李希彬、王隽骧、王绍、刘来福、王德谋、陈公宁、蒋铎、王树茗、王申怀、孙瑞清、□□□、王琨、王仁铎、郭佩玉、郑学安。

第4排：□□□、靳邦杰、□□□、张宗魁、李仲来、于德胜、曾文艺、史志刚。

王世强、孙永生、严士健、王梓坤和刘绍学教授执教 50 周年庆祝大会 (1999 年 5 月 8 日摄于英东学术会堂)

致词：保继光。

主席台：成平、周毓麟 (院士)、杨展如 (副校长)、范国英 (校党委副书记)、王元 (院士)、徐利治、陆善镇 (校长)、丁石孙 (全国人民代表大会常务委员会副委员长、北京大学前校长)、王世强、孙永生、严士健、王梓坤、刘绍学。

王世强、孙永生、严士健、王梓坤和刘绍学教授执教 50 周年庆祝大会（第一批博士生导师，1999 年 5 月 8 日摄于英东学术会堂）

主席台：王世强、曾美美（孙夫人）、孙永生、柳藩（严夫人）、严士健、谭得伶（王夫人）、王梓坤、刘绍学、曹文玲（刘夫人）。

前两批博士生导师（1985年摄于数学楼前）

陆善镇、王梓坤、刘绍学、严士健、孙永生、王世强。

严士健和他的首届博士生（1985年摄于图书馆前）

陈木法（中国科学院院士）、严士健、郑小谷、唐守正（中国科学院院士）。

1981 届本科生入学 40 年（2018 年 10 月 20 日摄于数学楼）

第 1 排：王恺顺☆、范文霞☆、李小列、谭丽芳、孔国平、李仲来 *、陈方樱、刘意竹、苏威（进修教师）、王路。

第 2 排：史志刚 *、蓝宝玲、车煊、刘小一、万红、原晓科、郭洁、丁小浩、吴耀红、陈黎。

第 3 排：刘保平、桑登珠、王江慈、高竞、陈子真、种秀华、应敏、李春萍、虞超美、王怡萱、梁威、朱正元、郑秀林。

第 4 排：朱成喜、刘洁民、纪永强、班春生、李鑫、李继英、肖问生、马京奎、潘志、徐明、史晓明、薛亚刚。

第 5 排：庞阳、杜学孔、李祖刚、罗学刚、郇中丹、徐长胜、巩如晖、赵东江、洪志坚、张大宁。

1982 届本科生入学 30 年（2008 年 10 月 2 日摄于数学楼）

第 1 排：郑国梁、郑君礼、保继光☆、陈方权 *、张益敏 *、高素志 *、韩丽娟 *、刘美 *、罗承忠 *、李仲来 *、钟宜。

第 2 排：蒋屏、周立基、王燕华、刘进美、赵素萍、季宇、贾秀凤、袁素芬、柯珊、金郁向、段顾群、寇林、张奭、宋海莲、尹星云。

第 3 排：刘沪、邱镜亮、任晓文、房艮孙、阮国杰。

第 4 排：王松瑞、林野、魏巍、武堂建、卢膺梧、许以纲、黄自强、任平泉、王聪华、张跃、高播、杜国忠、石新华。

第 5 排：向聂琳、孟昭云、康玉林、谢芝桂、熊鹏荣、吴木毅、王谦毅、李建军、郭家宏、李国祥、张颂方、郑鹤麒、杨新雨。

第 6 排：杜义、张世启、娄斌、俞怀桃、施健、黄嘉平、宋宝连、唐旭晖、张月明。

第 7 排：袁强、黄斌、李子华、成涛、刘金山、吕学良。